Véronique Poulain
Worte, die man mir nicht sagt

Véronique Poulain

Worte, die man mir nicht sagt

Mein Leben mit gehörlosen Eltern

Aus dem Französischen
von Lis Künzli

ullstein extra

Für meine Eltern,
für meine Familie,
für meine Kinder,
für Nicolas, ihren Papa.

Gainsbourg:	Es heißt *Je t'aime – Moi non plus, Ich liebe dich – Ich dich auch nicht,* weil ich aus Scham so tue, als würde ich ihr nicht glauben.
Journalist:	Aber Sie können *Ich liebe dich* sagen?
Gainsbourg:	Nein.
Journalist:	Ein Komplex?
Gainsbourg:	Ja, vielleicht.
Journalist:	Es fällt Ihnen schwer zu sagen *Ich liebe dich …*
Gainsbourg:	Alle sagen das, ich möchte etwas anderes sagen.

Aus: *Serge Gainsbourg. Pensées, provocs et autres volutes*

Meine Eltern sind taub.
Taubstumm.
Ich nicht.

Ich bin zweisprachig. In mir sind zwei Kulturen.
Tagsüber: Worte, Gesprochenes, Musik. Geräusche.

Abends: Zeichen, nonverbale Kommunikation, Körpersprache, Blicke. Stille.

Navigieren zwischen zwei Welten.

Das Wort.

Die Gebärde.

Zwei Sprachen.

Zwei Kulturen.

Zwei »Länder«.

Ich ziehe an ihrem Rock, damit sie mich ansieht.
Sie dreht sich zu mir um, lächelt und macht eine Kopfbewegung, die »Ja?« bedeutet.

Den Hals gereckt, klopfe ich mit der rechten Hand auf meine Brust. »Ich.« Ich stecke mir zwei Finger in den Mund, ziehe sie wieder raus und stecke sie noch einmal hinein. »Essen.«

Meine Geste ist etwas ungeschickt. Sie lacht.

Sie fährt sich mit der Hand von oben nach unten über die Brust, als nähme sie ihr Herz und schöbe es sich in den Bauch: »Hunger.« So sagt man das im Land der Tauben.

Ja, Mama, ich habe Hunger.

Und Durst. Ich suche meine Mutter. Es ist die Zeit meiner ersten Schritte. Ich tapse in die Küche, wo ich das Gleichgewicht verliere. Meine Mutter dreht sich rasch um und fängt mich gerade noch rechtzeitig auf.

Dabei hat sie gar nichts gehört.
Sie spürt immer, wenn mir etwas passiert.

Sie hören mich zwar nicht, aber wie sie mich beobachten! Mir kann nichts geschehen; meine Eltern haben stets ein Auge auf mich.

Und nicht nur das. Sie berühren mich auch. Blicke und Gesten ersetzen die Worte. Ein Lächeln. Ein Streicheln der Wange. Das Heben einer Braue als Zeichen der Unzufriedenheit. Küsse und Liebkosungen, die sagen: »Ich liebe dich!«

So schlecht ist das nicht. Ich wünschte mir nur, sie würden mich öfter küssen. Vor allem mein Vater.

Unsere Wohnung ist winzig.

Ich schlafe mit meinen Eltern in einem Zimmer.

Nachts weine ich nie. Das bringt nichts. Sie hören mich sowieso nicht.

Meine Mutter steht jede Nacht zwei- oder dreimal auf, um nachzusehen, ob ich gut schlafe, ob ich – zum Beispiel – nicht im Schlaf gestorben bin.

Später, als ich laufen kann, gehe ich zu ihnen und wecke sie, wenn ich etwas möchte oder nach einem Alptraum Trost brauche.

Aber das kommt nicht oft vor. Ich bin ein Kind, das sehr gut schläft. Kein Geräusch dringt zu mir durch. Mein Schlaf ist ungetrübt.

Meine Mutter näht.
Ich sitze neben ihr und sehe zu. Schweigend. Hin und wieder lächelt sie mich an.

Sie hat Nadeln im Mund, während sie näht, und wenn sie sie nicht mehr braucht, steckt sie die Nadeln in ein rotes Satinkissen, das von kleinen bunten Chinesen umringt ist, ebenfalls aus Satin. Ich spiele gerne damit. Es ist schön weich.

Meine Mutter legt ihre Arbeit beiseite, nimmt mir das Nadelkissen aus der Hand, zeigt auf eines der Männchen und formt mit dem Mund das Wort »Orange«, dazu macht sie eine Gebärde. Ich wiederhole beides. Ich ahme meine Mutter nach.

Dann ist Blau an der Reihe, Rot, Gelb …

Manchmal mache ich die Gebärde verkehrt herum, was rein gar nichts bedeutet.

Dann korrigiert sie mich.

Ich habe soeben mit ihr die Farben gelernt.

In beiden Sprachen.

Meine Mutter hat eine komische Stimme. Sie spricht nicht wie die Leute auf der Straße. Aber sie ist meine Mutter, und ich verstehe sie.

Tagsüber passt meine Großmutter auf mich auf.
18.30 Uhr. Meine Eltern kommen von der Arbeit, es ist Zeit, zu ihnen zu gehen. Mein Händchen hält sich am Geländer fest. Stufe um Stufe steige ich vorsichtig die Treppe hinunter. Wir wohnen einen Stock tiefer.

Mein Vater öffnet die Tür. Mit der offenen Hand berühre ich meinen Mund und werfe ihm einen Kuss zu. Das heißt: »Guten Tag.« Dann schmiege ich mich in seine Arme und küsse ihn.

So gelange ich von einem Stockwerk ins andere, mit einem Fingerschnippen von einem Zustand in den anderen.

Im dritten Stock, bei meinen Großeltern, höre und spreche ich. Viel. Und sehr gut.

Im zweiten, bei meinen Eltern, bin ich taub. Verständige mich mit den Händen.

Lothringen 1935. Suzanne heiratet Pierre. Sie bekommen zwei Jungen. Erst Henri, der später Jura-Professor an der Straßburger Universität wird, und ein paar Jahre darauf, 1939, Jean-Claude.

Jean-Claude ist neun Monate alt. Er weint ein bisschen zu viel. Wahrscheinlich die Zähne. Es ist das Alter. Aber nein, er krampft, verdreht die Augen. Krankenhaus, Notaufnahme. Es wird eine Gehirnentzündung diagnostiziert. Folge: Er kann nicht mehr hören. Jean-Claudes Leben wird auf den Kopf gestellt. Er wechselt von einem Augenblick zum nächsten von den Geräuschen zur Stille hinüber.

Mit sechs tritt Jean-Claude in ein Internat ein. Man gibt ihn in die Obhut des Nationalen Instituts für taube Kinder und Jugendliche in Metz. Als Jugendlicher entscheidet er sich für eine Lehre als Schuhmacher. Neben der Tischlerei die einzige Berufsausbildung, die das Metzer Institut anbietet. Sein bester Freund Asrat, ein in Lothringen gestrandeter Äthiopier, will sich in Paris ausbilden lassen, am Nationalen Institut für taube Kinder und Jugendliche in der Rue Saint-Jacques. Für Gehörlose ist Paris ein Eldorado. In der Hauptstadt wimmelt es von Möglichkeiten: Freundeskreise, Fußballclubs, Gehörlosenzentren … Jean-Claude muss unbedingt nachkommen. Da ist auch eine Freundin, die Asrat ihm vorstellen will.

Und in Gambetta wird ein großer Ball für Gehörlose ausgerichtet. Jean-Claude steigt in den Zug.

Allier, 1937. Robert ist der Liebling der Frauen. Der Musiker, während der Woche Dekorateur, am Wochenende Akkordeonspieler, verdreht den Mädchen aus den umliegenden Dörfern den Kopf. Er tingelt mit seinem Instrument durch die Gegend. Ein angenehmes, heiteres Leben. Heute Abend spielt er in Saint-Priest zu einer Hochzeit auf. Die Mädchen drängeln sich, um ihn zu sehen. Darunter ist eine, die er sehr hübsch findet mit ihren grünen Augen und die ganz schüchtern wirkt in ihrem Blümchenkleid. Er stimmt einen Java an. Er hält ihrem Blick stand. Ein Lächeln um die Mundwinkel. Sie heißt Alice, ist die Tochter des Pachtbauern von nebenan.

Hochzeit. Eine Woche später ist Alice schwanger.

Das junge Paar wohnt bei Roberts Eltern. Alice arbeitet nicht, sie ist Hausfrau. Er macht weiter mit seinen Baustellen, mit den Bällen etwas weniger. Der Krieg zieht sich hin. Die Männer sterben, und den Frauen ist nicht nach Tanzen zumute.

Im Oktober 1941 bringt Alice ein Mädchen zur Welt, Josette.

Ein fröhliches, aufgewecktes Baby, aber manchmal etwas ab-

wesend. Etwas zu sehr. Das Mädchen reagiert nicht immer auf Geräusche. Es lebt in seiner eigenen Welt. Alice wird langsam unruhig. Irgendetwas stimmt da nicht. Sie klatscht in die Hände, klopft auf die Möbel. Zwanzigmal am Tag. Jedes zweite Mal schreckt Josette auf.

Die Tür knallt. Josette zuckt zusammen. Uff! Alles in Ordnung …

Eines Tages fegt Josette mit einem Stöckchen ein paar Keramikdosen vom Regal. Ohrenbetäubender Lärm. Alice stürzt herbei. Josette ist die Ruhe selbst, sie hat nichts mitbekommen.

Zehn Monate. Zehn Monate, um den Tatsachen ins Auge zu sehen. Die Kleine reagiert nur auf die Geräusche, die von einer sichtbaren Bewegung oder einem Vibrieren begleitet werden. Ein Schatten oder ein Lufthauch genügt, und sie dreht sich blitzschnell um. Eine schöne Illusion.

Josette ist taub.

Taub und stumm.

Zu 100 Prozent.

Juni 1944. Ein zweites Kind kommt: Guy.

Da sie die Erfahrung schon gemacht haben, steht die Diagnose diesmal nach wenigen Wochen fest. Unerbittlich.

Auch er taub, stocktaub.

Robert und Alice sind am Boden zerstört.

Warum muss ihnen das passieren? Warum ausgerechnet ihnen?

Zwei Behinderte. Ihre Kinder sind zwei Behinderte. Dabei hat *es in der Familie noch nie welche gegeben. Was haben sie dem lieben Gott getan, um das zu verdienen?*

Im Gegensatz zu seiner Schwester versucht Guy gar nicht erst zu sprechen, sich zu verständigen. Er schaut zu, beobachtet. Und er zeichnet. Die Kreide wird zur natürlichen Verlängerung seiner Hand. Er braucht keine Wörter oder Buchstaben als Vermittler. Nur Kopf, Hand, Kreide, Tafel. Eine Zeichnung.

Seine Zeichnungen unterscheiden sich von denen anderer Kinder seines Alters. Kein Schnickschnack. Genau und scharf umrissen. Ungeschickt zwar, Guy ist erst drei, aber sie drücken präzise aus, was er sagen möchte.

Der kleine Junge kann stundenlang zusehen, wie sich ein Wassertropfen formt, größer wird und schließlich vom Hahn plumpst.

Seine Schwester und er sind umgängliche Kinder, aber die Kommunikation mit ihnen gestaltet sich schwierig. Die Eltern müssen sich vor sie stellen, um mit ihnen sprechen zu können. Wenn die beiden ihnen den Rücken zukehren oder im Nebenzimmer sind, ist kein Gespräch möglich. Alice und Robert müssen einen Weg finden, sich verständlich zu machen. Eine Mischung aus Mimik, sofern das geht, und Wörtern. So einfach wie möglich, übertrieben artikuliert.

Robert ist niedergeschmettert. Er wollte heiraten und viele Kinder haben. Er wollte, dass sie studieren. Er selbst hat nur den Volksschulabschluss.

Er wollte, dass sie Musik machen. Wie er.

Ironie des Schicksals.

Josette wird bald sechs. Sie melden sie in einem Internat an, bis sie sich in der Hauptstadt eingerichtet haben.

Mein Gott, dieses Internat!

Taube Kinder, die Tierschreie von sich geben.

Mongoloide.

Geistig Behinderte.

Böse Nonnen, die einen für nichts und wieder nichts in den Schrank sperren.

Die Hölle auf Erden!

Josette bleibt nicht lange. Alles in allem ein paar Wochen. Robert und Alice finden eine Wohnung, lassen sich in Paris nieder, melden ihre beiden Kinder am Nationalen Institut für taube Kinder und Jugendliche an. Ein neues Leben beginnt. In der Hauptstadt sind die Blicke der anderen weniger grausam. Alice und Robert können mit der Masse verschmelzen und ihren Kindern vielleicht eine bessere Zukunft ermöglichen. Eine Zukunft, in der man sie nicht als geistig zurückgeblieben betrachtet.

Robert findet eine Arbeit als Gipser. Sein Akkordeon ist mitgekommen nach Paris, aber das Kapitel Musik und Ruhm liegt hinter ihm. Er weiß es. Er, der für die Musik geboren ist, das absolute Gehör hat – zwei taube Kinder. Der Gipfel. Ein schlechter Witz. Es hätte nicht viel gefehlt, und er hätte darüber gelacht.

Alice besitzt Opferbereitschaft. Das ist ihre Rettung. Sie trägt ihr Kreuz jeden Morgen und jeden Abend quer durch Paris. Viele Kilometer zu Fuß oder im Bus, um ihre Kleinen in die Schule zu bringen, die einzige Schule für Gehörlose, die in der Rue Saint-

Jacques. Und verliert trotz allem, was sie durchmacht, nie ihr Lächeln.

Josette wächst heran. Ein hübsches Mädchen. Aufgeblüht, von Freunden umringt – allesamt taub –, die sie während ihrer Schulzeit kennengelernt hat. Ihr Vater behütet sie etwas zu sehr. Es wird Zeit, einen Verlobten für sie zu finden.

Da kommt der Ball in Gambetta wie gerufen. Sie geht mit ihrem Kameraden Asrat hin. Er will ihr einen Freund vorstellen.

Gehörlose heiraten untereinander.
Auf die Art geht man sicher, dass man sich auf derselben Kommunikations-, Verständnis- und Wissensebene bewegt. In derselben Welt lebt.

Und so hat meine Mutter einen Gehörlosen geheiratet, meinen Vater.

Mein Onkel hat ebenfalls eine Gehörlose geheiratet.

Meine Cousine Ève kommt auf die Welt. Dann ihre Schwester Valérie. Später ihr Bruder Alexis.

Sie hören.

Wie ich.

Während meiner ersten sechs Lebensmonate werde ich von einer Tagesmutter betreut.

Meine Großmutter väterlicherseits ist der Meinung, das sei vernünftiger. Für den Fall, dass taube Eltern sich nicht richtig um ihr Baby kümmern können …

Sie findet eine in der Vorstadt. Da es bis dahin ein bisschen weit ist, bleibe ich die ganze Woche dort, in Vollpension. Ich bin ein ruhiges Kind. Mit Schlafmitteln vollgestopft. Wenn ich am Wochenende zu meinen Eltern zurückkehre, bin ich zappelig. Auf Entzug.

Bis zu dem Tag, an dem mein Großvater mütterlicherseits schwach wird. Er will nicht mehr, dass sich Fremde um mich kümmern. Eines Freitagabends holt er mich ab. Und bringt mich nie wieder zurück.

Im Restaurant kann ich nicht stillsitzen, wie alle kleinen Kinder. Ich liebe es, aufzustehen und zwischen den Tischen herumzulaufen. Ich rede mit den Leuten. Ununterbrochen.

»Was isst du da? Schmeckt das? Ich bin mit meinen Eltern hier. An dem Tisch dahinten. Sie sind taub.«

Ich bin mächtig stolz darauf. Ich erzähle es allen.

Meine Mutter holt mich mal wieder zurück. Sie formt ein ungeschicktes »Entschuldigung«. Ich unterbreche sie sofort mit der Gebärdensprache, um zu zeigen, dass ich beide Sprachen beherrsche. Ich mag es nicht besonders, wenn sie zu sprechen versucht wie wir.

Ich gebe an. Ziehe eine Show ab. Ich kann nicht anders.

Ich beschließe, dass meine Andersartigkeit etwas Besonderes ist.

Trotzdem kommt es vor, dass mir diese Andersartigkeit unangenehm ist. Im Bus pupst meine Mutter manchmal.

Sehr geräuschvoll. Sie hört nicht, wie laut sie ist. Ich schon. Und die anderen auch.

Auf der Straße ist es lästig.

Die aufdringlichen Blicke stören mich.

Meine Mutter weiß das. Sie tut, was sie kann, um diskret zu bleiben. Sie vermeidet es, allzu viel mit mir zu sprechen.

In der Bäckerei verlangt sie ein Baguette.

»Ich habe nicht verstanden, Madame, was möchten Sie?«

»Paquette, ein.«

Erschrockener Blick der Verkäuferin.

Es wird Zeit, dass ich meiner Mutter zu Hilfe komme.

»Ein Baguette, bitte.«

»Ach ja, natürlich, entschuldigen Sie.«

Beim Hinausgehen werfe ich der blöden Angestellten einen finsteren Blick zu.

Meine Mutter, die daran gewöhnt ist, lächelt.

Ab und zu hat sie es satt, dass man sich an mich wendet, damit ich übersetze, was sie sagt. Dann regt sie sich auf:

»Aufhören fragen meine Tochter. Brot. Ich will Brot. Nicht kompliziert!«

Es ist mir ein bisschen peinlich, aber meine Mutter hat recht. Die Leute sind doof, und es ärgert mich, wie sie meine Eltern ansehen.

Es sind die anderen, die meine Eltern ansehen, als wären sie debil.

Es sind die anderen, die denken, es sei tragisch, gehörlose Eltern zu haben.

Ich nicht.

Für mich ist das nicht schlimm, es ist normal, es ist mein Leben.

Auch in der Metro ist es schrecklich.

Meine Eltern fahren mit mir in den Zoo von Vincennes. Sie unterhalten sich miteinander. Alle sehen ihnen dabei zu. Als die Türen schließen, drehen sich die Leute draußen auf dem Bahnsteig um und beobachten sie. Andere lachen hinter vorgehaltener Hand. Wieder andere tun so, als sähen sie nichts. Ich bin furchtbar verlegen, und gleichzeitig finde ich es unerträglich, dass meine Eltern wie seltene Tiere angestarrt werden. Ich reiße mich zusammen. Bleibe stoisch. Ich drücke brav die Hand meines Vaters und tue so, als wäre nichts.

Nach ein paar Stationen bricht meine Wut hervor. Ich explodiere:

»Was ist? Was glotzt ihr so? Sie sind taub, habt ihr damit ein Problem?«

Stille. Das ganze Abteil starrt zu Boden. Meine Eltern haben verstanden. Sie sagen mir, ich solle mich beruhigen, es sei doch »immer so«, nicht weiter schlimm.

Ich erinnere mich an meinen Kummer.
Ich erinnere mich an meinen Zorn.
Ich erinnere mich an meine Aggressionen.
Ich könnte töten.
Ich möchte meine Eltern so gerne beschützen.

Ich schwanke zwischen Stolz, Scham und Zorn.
Die ganze Zeit.

Papa, wir machen was heute?«

»Ich weiß nicht. Frag Mama.«

»Mama, wir machen was heute?«

»Du willst was machen?«

»Weiß nicht. Schwimmbad?«

»Nein, Schwimmbad nicht. Du willst Spaziergang?«

»Pah.«

»Mama, wir essen was?«

»Fleisch und Kartoffeln.«

»Wann?«

»Zehn Minuten.«

Das ist ungefähr das einzige Gespräch, das ich am Wochenende im zweiten Stock mit meinen Eltern führe. Ein Dialog unter Tauben. Völlig belanglos.

Ich bin eine Plaudertasche. Eine schreckliche Plaudertasche.

Ich rede ohne Unterlass. Laut. Ich rede mit meinem Spiegel, meinen Puppen, mit mir selbst.

Mit meinen Eltern nicht.

Bei mir zu Hause herrscht absolute Stille.

Ich langweile mich. Langweile mich ganz furchtbar.

Ich liege auf meinem Bett.

Allein.

Traurig.

Ein bisschen autistisch.

Ich sehe aus dem Fenster und warte, dass es vorbeigeht. Dass die Zeit vergeht. Doch die vergeht nicht.

Mit verlorenem Blick träume ich vor mich hin.

Ich stelle mir ein anderes Leben vor. Ein Leben, in dem ich mich nie langweile. Ein Leben, in dem ich viel lache.

Der Traum nimmt allen Raum ein, und die Wirklichkeit langweilt mich.

Bei meinen Eltern läuft ein Stummfilm ab. Keine Gespräche im Hintergrund, keine Stimmen, keine Kraftausdrücke, kein Lachen und auch kein Streit.

Ich will Erwachsene reden hören.

Aber meine Eltern sagen nichts.

Manchmal bitte ich meine Mutter, den Fernseher einzuschalten.

Ich schaue nicht hin, es ist einfach nur, um die Stimmen zu hören.

Man könnte von einer Insel der Ruhe sprechen, wären da nicht all die kleinen Mundgeräusche, das Atmen, das Klappern von Töpfen, der Lärm der Autos unten.

Unangenehme, aggressive Geräusche. Ich mag sie nicht.

Ich möchte sprechen. Oder sterben. Mal das eine, mal das andere.

Wenn ich wirklich nicht mehr kann, reiße ich aus.

Nicht weit. In den dritten Stock.

Zu meinen Großeltern.

Ich hole alles nach. Ich rede wie ein Wasserfall. Und sie lassen sich begeistert mitreißen, glücklich, ein »normales« Kind zu haben. Auch sie holen nach. Sie erleben mit mir, was sie mit ihren eigenen beiden Kindern nie erleben konnten. Manchmal plappere ich nur zu ihrem Vergnügen, auch wenn ich nichts zu sagen habe.

Mein Großvater beschließt, dass ich Musikerin werden soll. Er bringt mir das Notenlesen bei.

Meine Großmutter stimmt ihm zu.

»Ein Musiker, das ist etwas Schönes, wenn er komponiert, ist er in seiner eigenen Welt. Ein Musiker, der ist glücklich.«

Ich aber möchte Ärztin werden. Um die Kranken zu heilen.

Meine Großeltern mütterlicherseits sind meine Abgötter. Vor allem mein Opa. Ich bewundere und liebe ihn über alles. Und das beruht auf Gegenseitigkeit.

Ich will seine Hoffnungen nicht enttäuschen.

Ich will, dass er stolz auf mich ist.

Er ist es, der mich von dieser Tagesmutter weggeholt hat.

Er ist mein Held. Für immer.

Vom Tag meiner Geburt bis zum Tag seines Todes im Jahr 2007 hat er nie aufgehört, mich zu unterstützen, mich zu fördern, vorbehaltlos an mich zu glauben, was auch immer geschah.

Ihm erzähle ich von meinen kleinen Nöten. Als ich älter bin, vertraue ich ihm meinen Liebeskummer an oder wenn ich Ärger im Beruf habe. Jedes Mal tröstet er mich: »Um dich mache ich mir keine Sorgen. Du wirst mit allem fertig. Du wirst darüber hinwegkommen. Du schaffst das.«

Und ich glaube ihm.

Dieselben liebenden Großeltern sind es aber auch, die mir bei meinen ersten Techtelmechteln damit im Ohr liegen, ich müsse aufpassen, denn wer würde schon, bei der Behinderung meiner Eltern, ein Kind mit mir wollen? Sich auf Dauer mit mir einlassen?

Sie nerven mich gewaltig damit. Und überhaupt, ich will gar keine Kinder.

Heute Abend gehe ich auf einen Ball.
Das Gehörlosenzentrum wurde zu diesem Anlass in einen Tanzsaal verwandelt. Hinter der Tanzfläche ein Orchester mit Musikern, angeheuert, um vor Leuten zu spielen, die sie nicht einmal hören können.

Und doch reihen sie lächelnd Tango, Salsa, Rock, Java aneinander. Welche Energie! Welches Einfühlungsvermögen! Welche Hingabe!

Vor dem Orchester gibt ein kleines Schild die Musik an, auf die getanzt werden muss. Im Augenblick steht »Tango« drauf. Meine Mutter schnappt sich meinen Vater und fängt an, mit ihm herumzuwirbeln.

Dann umschlingen sich die Paare. Logisch, auf dem Pappkarton steht: »Slow.«

Ob ich die Schilder vertauschen soll?

Gehörlosenabende, bis sie mir zum Hals raushängen. Jedes Wochenende. Meine Eltern schleppen mich überall mit hin. Und samstagabends ist eine Versammlung im Zentrum, wo sie sich treffen, diskutieren, ein Gläschen trinken. Kurz, sich amüsieren. Sie jedenfalls. Denn ich finde diese Abende furchtbar anstrengend. Ein Dschungel von Beinen, durch den ich mich kämpfen muss. Den Kopf gereckt, um sie sprechen zu sehen. Ich verstehe nur die Hälfte von dem, was gesagt wird. Überall Gebärden, gestikulierende Hände, Arme, die in alle Richtungen fliegen. Eigentlich ein hübscher Anblick. Komisches Gelächter. Lautmalereien. Knurren. Röcheln. Hin und wieder ein Wort. Völlig unverständlich.

Ich frage mich, was ich hier verloren habe.

Manchmal nimmt mich mein Vater auf den Arm. Dann küssen die Leute mich, streichen mir über die Haare, zwicken mich in die Wange. Ich mag das nicht. Die reden so seltsam. Das allerdings bin ich gewöhnt. Diejenigen, die mich nicht kennen, fragen meinen Vater, ob ich auch gehörlos bin.

Nein. Bin ich nicht. Ich kann hören und sprechen, und ich will nach Hause.

Die Ferien mit meinen Eltern liebe ich. Wir fahren immer ans Meer. Sie lassen mich spielen, während sie mich aus den Augenwinkeln beobachten. Ich bin schon groß, drei Jahre alt. Ich genieße es, loszuziehen und Leute zu treffen, mit denen ich reden kann.

Einmal entferne ich mich, in meine Träumereien versunken, zu weit von meinen Eltern, so dass ich sie nicht mehr sehen kann. Der Strand ist endlos. Meine Mutter hat mir erklärt, was ich tun soll, wenn ich mich verlaufe: mich nicht vom Fleck rühren und warten. Ich setze mich in den Sand. Ein paar Leute spielen Volleyball, ich sehe ihnen zu. Volleyball macht Spaß. Eine Frau kommt auf mich zu und fragt, ob ich allein bin, ob ich möchte, dass der Bademeister mit dem Megaphon meine Eltern ausruft.

»Nein, danke. Sie sind taub. Ich warte hier.«

Meine panischen Eltern suchen mich überall. Ich warte auf sie. Zwei Stunden lang.

Bei meiner Cousine Ève sieht die Sache etwas anders aus. Mein Onkel Guy hat die Gabe, ihr die Ferien gründlich zu verderben. Wie besessen begibt er sich ständig auf die Spuren seiner gehörlosen Ahnen.

Schon im April beginnt er mit den Vorarbeiten. Der Esszimmertisch ist mit Karten übersät, und er verbringt sämtliche Sonntage damit, Pilgerorte oder heilige Stätten der Gehörlosengeschichte ausfindig zu machen.

Ein Roadtrip in die tiefste Provinz. Ob im hinterletzten Loch der Vogesen, von Deux-Sèvres oder Pas-de-Calais, irgendwie gelingt es ihm immer, einen entlegenen Ort aufzuspüren, wo im Jahr 1832 eine Nonne ein taubes Kind aufgenommen oder sich 1738 ein Tauber aufgehalten hat, der dem Pionier der Gehörlosenpädagogik, Abbé de l'Épée, nahestand … Wenn er dort eintrifft, gibt es das Gebäude allerdings schon lange nicht mehr, und niemand kann sich an die Existenz der illustren Persönlichkeit erinnern. Dann geht Guy von Haus zu Haus, stellt Fragen, regt sich auf. Und Ève spielt resigniert die Dolmetscherin zwischen ihrem Vater und den perplexen Dorfbewohnern, die nicht die leiseste Ahnung haben, was er von ihnen will.

So verbringt Ève Jahr für Jahr zwischen Clermont-Ferrand und Dijon, zwischen Metz und Vesoul drei – meist verregnete – Wochen. Wahrlich paradiesische Ferien.

In dem Jahr, als ihre Eltern die Bretagne entdecken, ist gerade der Ententanz in Mode, der Hit jenes Sommers.

Ich erinnere mich, wie mein Onkel mit den Ellbogen schlagend durchs Wohnzimmer watschelt, um uns vorzuführen, was seiner Ansicht nach bretonische Folklore ist.

September, Ferienende. Kindergarten. Freunde, Freundinnen, gemeinsamer Imbiss, Lieder singen, Gedichte aufsagen. Dieses Leben gefällt mir. Ein Leben, in dem gesprochen, gesungen, geschrien, erzählt wird. Ich würde gerne lesen und schreiben können, um all die Wörter zu verstehen, die in den Schaufenstern der Läden herumtanzen.

Obwohl sie lesen und schreiben können, sind es nicht meine Eltern, die es mir beibringen. Für einen Gehörlosen ist es Schwerstarbeit, die einzelnen Buchstaben des Alphabets, die einzelnen Wörter unserer Sprache korrekt auszusprechen.

Nein, sie können es mir nicht beibringen.

Ich frage meine Großmutter. Sie ist so glücklich, ihr Wissen endlich weitergeben zu können, dass sie eine unendliche Geduld aufbringt. Und dann, im Dezember 1968, Ekstase, Seligkeit, Entzücken: Ich schreibe mein erstes Wort, das Wort »Pferd«. Der Papa eines Fohlens, eines *poulain*: mein Familienname.

Mein Leben beginnt interessant zu werden. Ich werde lesen. Nun wird mir nie mehr langweilig sein.

Beipackzettel, Prospekte, Zeitungen, die Namen an den Briefkästen, die Werbung an den Hauswänden der Stadt und sämtliche Kinderbücher rauf und runter, und nicht nur die Kinderbücher … Ich lese alles. Alles, was mir unter die Augen kommt.

Ich verschlinge die Worte, die man mir nicht sagt.

Meine Eltern haben mich auf meinen Wunsch hin im Schulchor angemeldet. Ich singe wahnsinnig gern. Der große Tag ist gekommen. Wir geben ein Konzert im Cirque d'hiver. Meine Eltern sitzen in der ersten Reihe. Sie hören mir auf ihre Weise zu und applaudieren im richtigen Augenblick. Sie verstehen nichts von dem, was ich da tue, aber sie unterstützen mich. Immer. Und machen jede meiner Launen mit.

Als ich das Singen aufgebe und mit Ballett anfange, verpassen sie keine einzige Aufführung in der Salle Pleyel. Ich glaube, sie sind stolz auf mich.

Aber wie sprichst du denn mit deinen Eltern?«
Ich habe es satt. Immer wieder dasselbe erzählen.

Ève, die etwas entgegenkommender ist, erklärt, dass sie mit den Händen redet.

Aber die Freundinnen glauben ihr nicht und schimpfen sie eine Lügnerin. Also denkt sie sich etwas aus.

Guy, ihr Vater, ist ein guter Zeichner. Angeblich hat er ihr einen kleinen Koffer mit winzigen Fähnchen in allen Farben gebastelt, und wenn sie ihm etwas sagen will, nimmt sie einfach dasjenige heraus, das sie gerade braucht. Wenn sie zornig ist, das rote. Wenn sie Hunger hat, das mit den Pommes und dem Schinken, und so weiter. Die Geschichte macht in der Schule die Runde und weckt die Neugier der Lehrerin. Sie bittet Ève, den Koffer mit den kleinen Fähnchen mitzubringen und vor der ganzen Klasse einen Vortrag darüber zu halten, wie Gehörlose mit ihren Kindern sprechen.

Da Ève nicht weiß, wie sie sich aus dieser Lügengeschichte herauswinden soll, behauptet sie, es gebe so viele Fähnchen, dass das Köfferchen zu einem riesigen, viel zu schweren Koffer angewachsen sei, verspricht aber, am Montag eine Zeichnung mitzubringen, die alles erklärt. Am Abend vertraut sie sich ihrem Vater an, und Guy zeichnet das ganze Wochenende hindurch mit großem Spaß einen Comic, der ihren Alltag darstellt.

Je dreister, desto eher kommt man damit durch.

Warum sprechen meine Eltern nicht?
Warum hören sie mich nicht?

Warum kann ich nicht »Papa« oder »Mama« durchs Haus rufen, damit sie zu mir eilen?

Um sie auf mich aufmerksam zu machen, stehen mir mehrere Möglichkeiten zur Verfügung.

Die bequeme: Ich warte, bis sie sich umdrehen und mich ansehen. Was ich sie fragen will, darf dann allerdings nicht zu dringend sein.

Die dynamische: Was ich zu sagen habe, kann nicht warten. Ich stehe auf und tippe ihnen auf die Schulter.

Die etwas nachlässige, aber trotzdem häufigste: Ich schalte das Licht an und aus. Sie drehen sich um. Ich fange an zu reden.

Oder ich schleudere ein Buch durch den Raum. Aber das tut mir in der Seele weh, ich liebe meine Bücher zu sehr.

Oder ich werfe einen Gegenstand nach ihnen.

Manchmal aber sitze ich in der Klemme.

Wenn ich auf der Toilette bin und kein Papier mehr da ist … Wenn sie mich in der Wohnung vergessen, die Tür abschließen und mich nicht schreien hören. Es bringt nichts, ich weiß, aber ich schreie trotzdem. Ein Reflex der Hörenden …

Was haben deine Eltern denn?
Sind sie nicht normal?

Warum haben sie eine solche Stimme?

Sind sie richtig taub, oder können sie ein kleines bisschen hören?

Du meinst, sie hören nicht mal Musik?

Sind sie so auf die Welt gekommen?

Wie kommt es, dass du nicht auch taub bist?

Das ist ja komisch. Wie hast du denn sprechen gelernt?

Redest du mit den Händen?

Wenn du mal Kinder hast, sind die dann auch taub?

Diese Fragen in der Schule treiben mich zur Weißglut. Immer dieselben. Ununterbrochen. Die ganze Zeit.

Ich beschließe, nicht mehr über die Behinderung meiner Eltern zu sprechen. Ich spreche im Übrigen überhaupt nicht mehr über sie. So habe ich meine Ruhe.

Heute ist mein Geburtstag. Ich werde neun. Meine Mutter hat einen Kuchen gebacken. Gleich kommen meine Freundinnen. Ich trete von einem Fuß auf den anderen. Es klingelt. Das sind sie. Ich mache ihnen auf. Ich muss sie aber noch vorwarnen. Kaum haben sie einen Fuß in die Diele gesetzt, verkünde ich ohne Umschweife, so als wäre nichts: »Meine Eltern sind übrigens taub.«

Meine Freundinnen schauen verlegen nach rechts und links, wirken verloren und bringen schließlich mit gesenktem Blick ein verschämtes »Guten Tag« hervor. Wie das nervt!

Ich kann darüber reden oder nicht, früher oder später wird es immer unangenehm.

In der Absicht, mir einen Gefallen zu tun, verhält sich meine Mutter den ganzen Nachmittag unauffällig und versucht, möglichst kein Geräusch zu machen, nicht mit mir zu sprechen. Sie benimmt sich wie eine schweigsame Dienerin gegenüber einer Gesellschaft von verlegenen

Knirpsen. Es macht mich traurig zu sehen, wie sehr sie sich abmüht, damit meine Freundinnen sich wohl fühlen.

Meine Mutter ist, wie sie ist. Nicht sie hat sich anzupassen. Und außerdem ist sie hier zu Hause.

Zum Teufel mit diesen blöden Mädchen!

Mein Vater stampft mit dem Fuß auf. Er schnaubt, hebt drohend den Finger, runzelt die Stirn und fordert mich auf, in mein Zimmer zu gehen.

Diesmal gibt's richtig Ärger.

Er schreit nicht. Kein bisschen. Er sieht mich nur sehr böse an.

Das ist unser Code, seit ich auf der Welt bin. Ich weiß, dass er wütend ist, er macht mir sogar ein bisschen Angst.

Ich gehorche.

Auf der Stelle.

Genau wie Indianer geben Gehörlose anderen Menschen einen Namen, ein Erkennungszeichen, das ihnen für den Rest ihres Lebens anhängt.

Es kann mit ihrem Äußeren oder mit ihrem Charakter zu tun haben.

Mein Cousin Alexis, ein lebhafter Junge, der schon mit zwei die Gewohnheit hatte, auf der Straße davonzulaufen, trägt noch fünfunddreißig Jahre später das Zeichen für »Ausreißer«: ein erhobener Daumen, der sich durch eine imaginäre Menge schlängelt.

Meiner Mutter, einer sehr fröhlichen Frau, hat man das Zeichen der »immer Lächelnden« verliehen: Daumen und Zeigefinger werden ans Kinn gelegt und gehen dann langsam auseinander und nach oben, um ein Lächeln anzudeuten. Diese Gebärde wird zweimal sehr rasch wiederholt, denn meine Mutter lächelt wirklich sehr, sehr häufig.

Mein Vater, der hagere Gesichtszüge hat, ist »Hohlwange«: Der Daumen führt von der Schläfe schräg hinunter bis zum Mund.

Mein Onkel Guy, ein fülliger Mann, wird »Dickbacke« genannt: Die rechte Hand formt den Buchstaben C und schlägt zweimal gegen die Wange. Süß.

Es gibt aber auch weniger schmeichelhafte Namen wie »Lange Hakennase«, »Kahl-wie-ein-Ei«, »Spitzohr« (für Sarkozy), »Dickbraue« (Pompidou) oder »Vampirzahn« (Mitterrand). Was Präsident Hollande betrifft, so hatte er lange Zeit dasselbe Zeichen wie das Land der Tulpen. Aber als er französischer Staatspräsident wurde, hat er ein neues bekommen. Seither dienen die beiden Warzen auf seiner Wange als Erkennungszeichen. Zeige- und Mittelfinger bilden ein V und klopfen leicht auf die Wange, ungefähr dort, wo die beiden Hautwucherungen sind.

Gäbe es nicht diese Erkennungszeichen, müssten Gehörlose die Namen mit dem Alphabet der Gebärdensprache buchstabieren. Und V-E-R-O-N-I-Q-U-E beispielsweise wäre sehr umständlich zu gebärden.

Mein Vorname, das Zeichen, das mich allein charakterisiert, ist »Träumerin«.

Meine Mutter hat es mir gegeben.

Als Kind wusste ich nicht, warum. Warum »Träumerin«?

Später verstand ich es: Ich habe so viele Stunden damit zugebracht, aus dem Fenster dem Treiben da draußen zuzusehen und von einem anderen Leben zu träumen, dass es ihr nicht entgehen konnte.

Mittel- und Zeigefinger bilden ein V für Véronique und lösen sich von der Schläfe, um sich mit einer Drehung irgendwo in der Luft zu verlieren: »Träumerin.«

Das ist poetisch, das ist schön, das steht für ein ganzes Leben.

Außer, dass ... ich mich getäuscht habe. Meine Mutter, die dieses Kapitel vorab gelesen hat, ist nicht einverstanden.

»Dein Zeichen nicht ›Träumerin‹. ›Schussel‹.«

»Aber nein, Mama, es ist ›Träumerin‹. Schon immer gewesen.«

»Nein. ›Schussel‹.«

Die Finger bilden ein V und wandern von der Schläfe zwar in die Luft, aber nicht, indem sie sich drehen. Indem sie zittern. Eine feine Nuance. Der Unterschied ist minimal, aber es ist nun mal nicht dasselbe.

»Klein, du schusselig. Nicht verträumt. Du vergisst alles, immer, immer. Schusselig.«

Ich bin sprachlos. Seit dreißig Jahren irre ich mich. Oder ich habe es vergessen.

Einmal schusselig, immer schusselig.

Das zugewiesene Zeichen kann noch einfacher sein. So wie das für eine befreundete Familie, die einen deutschen Schäferhund besitzt und den Namen ihres Hundes verpasst bekommen hat.

Ève sieht sie häufig, da sie eine Tochter in ihrem Alter haben, die ebenfalls hörend ist. Einmal geht sie mit der

Familie in den Supermarkt. Sie verlieren einander aus den Augen. Wie eine Große marschiert Ève zur Information und bittet um Hilfe:

»Ich bin verloren gegangen. Ich heiße Ève. Können Sie bitte mit dem Mikrophon die Freunde meiner Eltern ausrufen …«

»Ja, gerne. Wie heißen sie denn?«

»Hund Frisco.«

»Wie bitte?«

»Hund Frisco.«

»Die kleine Ève wartet an der Information auf Herrn und Frau Hund Frisco. Ich wiederhole …«

Ich glaube, Ève kennt den richtigen Namen der Familie vierzig Jahre später noch immer nicht.

Während mein Vater nur sehr wenig mit mir spricht, strapaziert meine Mutter, diese Quasselstrippe, meine Nerven mit ihrem ewigen Schultergeklopfe. Das tut sie, damit ich meine Aufmerksamkeit oder eher meinen Blick auf ihre Hände richte, mit denen sie herumfuchtelt. Es ist zum Aus-der-Haut-Fahren. Dieses ständige Klopfklopf auf meiner Schulter kommt einer physischen Aggression gleich. Ich zucke jedes Mal zusammen, es ist eine unerträgliche Belästigung. Da finde ich den Lichtschalter viel sanfter.

Mein Vater, der das begriffen hat, legt seine Hand ganz vorsichtig auf meine Schulter, und das nervt noch mehr. Wenn schon, denn schon. Dass er seinen Wunsch, mit mir zu sprechen, nicht auszudrücken wagt, schockt mich. Ich interpretiere es als mangelnde Liebe mir gegenüber.

Ich kann nichts dagegen machen. Es ist total ungerecht und unbegründet, aber was immer sie tun, sie nerven mich.

Wenn meine Eltern mit mir sprechen, muss ich sie ansehen. Ich kann nicht meine Schnürsenkel binden, ich kann nicht in einer Schublade stöbern, ich kann ihnen nicht den Rücken zukehren und aus dem Fenster gucken, ich kann nicht lesen oder schreiben, während sie mit mir reden … Das Einzige, was ich tun kann, ist achtgeben, dass ich auf keinen Fall den Blick abwende.

Es ist anstrengend.

Sie ansehen zu müssen, um sie zu verstehen.

Gleichzeitig ihre Gebärden, ihren Gesichtsausdruck, ihre kaum wahrnehmbaren Körperbewegungen im Auge zu behalten.

Anders geht es nicht. Ich drehe für eine halbe Sekunde den Kopf weg, und schon habe ich etwas verpasst.

Obwohl ich die Gebärdensprache perfekt beherrsche, verlangt sie mir noch immer höhere Konzentration ab, als Radio zu hören.

Außerdem muss ich jedes Mal die Hände frei haben, wenn ich meinen Eltern etwas sagen will.

Kein Gespräch ist möglich, während ich mich kämme, während ich koche oder den Müll rausbringe.

Die Folge ist, dass ich nicht sehr viel mit ihnen spreche.

Ich sehe fern. Ein Schwarzweißfilm. Eine Frau rennt mit ihrem Baby auf dem Arm durch den Wald, verfolgt von den Deutschen. Der Lärm ihrer Stiefel ist unerträglich. Ich habe große Angst. Sie sind ihr dicht auf den Fersen. Wenn ich nichts unternehme, werden sie sie töten. Also spreche ich mit der Frau, durch den Bildschirm hindurch. Es ist kein französischer Film. Sie versteht mich nicht. Ich schreie: »Beeil dich, lauf schneller!« Ein Wunder: Auf dem Bildschirm werden Untertitel eingeblendet, die übersetzen, was ich gesagt habe. Sie antwortet mir, sie sei am Ende ihrer Kräfte, sie schaffe es nicht. Ich spreche ihr Mut zu. Die Untertitel jagen sich, so lebhaft ist unser Dialog. Die Frau kommt an ein Gittertor. Die Deutschen sind nur noch ein paar Meter entfernt. Ich schreie mir die Lunge aus dem Leib: »Du hast es fast geschafft, kletter hoch, wirf das Baby auf die andere Seite, es passiert ihm nichts, der Boden ist mit Moos bedeckt!«

Sie tut, was ich ihr sage, und gelangt auf die andere Seite. Sie ist in Sicherheit. Sie können ihr nichts mehr antun. Sie drückt ihr Baby an sich und läuft weiter, betritt ein kleines Haus. Standbild.

Das Haus dreht sich um sich selbst, macht dem ruhigen, klaren Ozean Platz. Schweißgebadet, aber erleichtert schalte ich den Fernseher aus.

Lustig, nicht einmal in meinen Träumen sprechen die Mütter dieselbe Sprache wie ich. Ich brauche Untertitel.

Heute ist Oma gestorben.
Heute ist auch mein Geburtstag. Ich werde elf.

Ich komme von der Schule nach Hause, bin schon in unserer Straße, als ich von ferne sehe, dass mein Vater am Fenster steht. Er macht große Gebärden.

»Oma tot. Oma tot.«

Ich breche in Tränen aus.

Man sollte den Gehörlosen verbieten, schlechte Nachrichten durchs offene Fenster zu überbringen. So blutet einem das Herz noch viel mehr.

Wir ziehen um. Seit zwölf Jahren leben wir in einer winzigen Zweizimmerwohnung, und ich schlafe mit meinen Eltern im selben Raum.

Mein Vater hat mit seinen Ersparnissen eine Wohnung gekauft, in der ich ein eigenes Zimmer haben werde, ganz für mich allein. Mit diesem schlagenden Argument soll mir die Nachricht von meiner Entwurzelung schmackhaft gemacht werden. Meine Großeltern zu verlassen zerreißt mir das Herz. Die Schule zu wechseln, ist unvorstellbar. Ich will da nicht hin. Ich bin Pariserin und will Pariserin bleiben. Dafür nehme ich gerne die S-Bahn, den Bus und den Fußmarsch in Kauf. Ich will in Paris aufs Gymnasium gehen.

Vier Zimmer. Viermal so groß. Ein Badezimmer mit Badewanne, Waschbecken und Bidet. Ich werde mich nicht mehr in der Küche am Spülbecken waschen müssen. Eine Wohnung mit Toilette. Das ist was anderes als die Toiletten auf dem Treppenabsatz und der Familiennachttopf. Mein Zimmer liegt neben dem meiner Eltern.

Die erste Nacht in der Wohnung. Ich liege im Bett und versuche einzuschlafen. Ich kann nicht. Aus dem Zimmer nebenan dringen so komische Geräusche. Das elterliche Bett quietscht stoßweise, und meine Mutter stöhnt. Ich drehe mich auf die Seite. Dann auf die andere. Irgendetwas stimmt da nicht.

Beunruhigt und neugierig zugleich stehe ich auf. Ich will wissen, was los ist, und betrete ihr Zimmer. Meine Mutter fuchtelt erschrocken mit den Händen und gibt mir Zeichen zu verschwinden. Gekränkt verziehe ich mich.

Ich habe genug gesehen.

Zwölf Jahre lang habe ich ungefähr eineinhalb Meter vom Bett meiner Eltern entfernt geschlafen und nichts gehört. Jede Nacht bin ich für viele Stunden in ein tiefes Koma gefallen. Ich habe meine Ohren vor jeder akustischen Störung verschlossen, und heute, wo ich mein eigenes Zimmer habe, nicht mehr direkt neben ihnen schlafe …

Ich höre.

Ich höre alles. Auf einmal.

Es ist nicht auszuhalten.

Es ist von einer unerhörten Brutalität.

Ich habe meine Eltern für stille Wesen gehalten, und auf einmal machen sie mehr Lärm als die Hörenden.

Sie sprechen nicht, sie hören nicht, und zu allem Überfluss produzieren sie auch noch einen ohrenbetäubenden Krach.

Zwölf Jahre lang, als wir dicht aufeinanderhockten, als wir überhaupt keine Privatsphäre hatten, habe ich nichts gehört und nichts gesehen. Wie ist das möglich? Haben sie nachts neben mir miteinander geschlafen? Haben sie geschnarcht? Ich weiß es nicht. Brett vorm Kopf.

Für mich beginnt ein neues Leben. Ich muss lernen, mit diesem Radau klarzukommen. Ich hasse die intimen Geräusche, die sie im Bett und auf dem Klo machen. Mein verlorenes Paradies, ohne Badezimmer, war mir lieber.

Doch nun muss ich all das über mich ergehen lassen.

Man macht sich überhaupt keine Vorstellung, wie laut Gehörlose sind!

Das geht schon am frühen Morgen los. Mein Vater steht auf und schlurft über das Linoleum. Er hatte die hervorragende Idee, Lederslipper zu kaufen, die bei jedem Schritt gegen seine Ferse klatschen und auf dem Plastikboden quietschen. Er geht zur Toilette und knallt die Tür gegen die Wand. Da er nicht weiß, dass Pinkeln im Stehen bei einem Einsachtzigmann einem Sturzbach gleichkommt, erleichtert er ungeniert seine Blase und begleitet jeden Spritzer mit einem zufriedenen Seufzer. Zu spülen vergisst er. Ein Glück! Endlich Ruhe.

Doch nun steht meine Mutter auf. Geht in die Küche, um Frühstück zu machen. Eine eigenartige Kakophonie setzt ein: Der Geschirrschrank wird zugeknallt. Ich zucke zusammen. Dann kommt der Schrank mit dem Kaffee an die Reihe, dann die Besteckschublade, die Kühlschranktür, der Backofen. Der Krach, den die Backofentür macht, also, ich kann Ihnen sagen. Was für ein Radau: Das furzt, das knallt, das klappert, das quietscht … und zum Schluss bin ich hellwach. Und da ich ein furchtbarer Teenager bin, undankbar und aufbrausend, stürze ich wie eine Furie in die Küche und fange an, hysterisch auf meine verblüfften Eltern einzubrüllen und zu gestikulieren. Sie sehen mich mit großen Augen an. Ich kann jeden Morgen hineinstürmen und ihnen erklären, dass ich im Gegensatz zu ihnen nicht taub bin, dass ich im Gegensatz zu ihnen hören kann, dass ich die Nase gestrichen voll habe von ihrem allmorgendlichen Spektakel, dass ich gerne schlafen würde, sie sehen mich weiter mit einer Verwunderung an, in die sich Mitleid für diese arme Hörende mischt.

Und die Türen knallen weiter.

Beim Mittagessen dasselbe. Wenn mein Vater Fleisch kaut, legt er Wert darauf, dass alle etwas davon haben. Gewissenhaft zerkleinert er jeden Bissen seines Bratens. Zungenschnalzen, mit offenem Mund natürlich, gründliches Zermahlen des Nahrungsmittels, genüssliches Seufzen, der nächste Bissen, das nächste Zungenschnalzen. So geht das endlos weiter, der perfekte Appetitzügler. Und wenn er darauf zu achten versucht, keine Geräusche zu machen, ist es noch schlimmer. Er hält sich zurück, aber dann steigt aus den Tiefen seiner Kehle ein anderer

Laut empor, wie aus einer anderen Welt. Beinahe muss ich mich übergeben.

Die Suppe gibt mir schließlich den Rest, die Suppe ist es, die mich dazu zwingt, mit Ohrstöpseln zu essen. Ich stecke die kleinen Wachskugeln so tief in den Gehörgang, dass mein Trommelfell zu platzen droht. Das Pusten meines Vaters, um die Suppe abzukühlen, dann das Schlürfen aus dem Löffel, das Einsaugen der Flüssigkeit, das Drehen der Zunge im Mund, das Runterschlucken und zum guten Schluss der zufriedene Seufzer. All diese feuchten Geräusche treiben mich in den Wahnsinn. Es ist natürlich vergebene Liebesmüh, ihm zu erklären, was für einen Krach er allein mit seiner Zunge verursacht und welche Qualen ich zweimal täglich bei den Mahlzeiten ausstehe, denn er versteht es nicht. Ganz einfach. Er weiß nicht, was es bedeutet. Das Erstaunen, das er zeigt, brennt sich für immer in mein Gedächtnis ein. Er denkt, es liegt an der Pubertät, ich bin einfach zu empfindlich.

»Ich, Krach? Nicht möglich.«

»Mach wenigstens den Mund zu, Papa ... Bitte!!!«

Also macht er ihn zu. Dreißig Sekunden, dann geht es von neuem los. Er kann nichts dafür, er merkt es nicht einmal. Heute, dreißig Jahre später, habe ich mich daran gewöhnt, aber nun stoßen sich meine Kinder daran. Wenn wir sonntags mit ihm essen gehen, regen sie sich auf: »Mama, Opa isst so laut!«

Auch Alexis hat Probleme mit dem Lärm. Vor allem, wenn seine Mutter es sich nicht nehmen lässt, samstagmorgens um acht staubzusaugen … Aber er hat rasch für Abhilfe gesorgt. Er steht ganz in Ruhe auf, zieht den Stecker raus, gönnt sich zwei Minuten, um zuzusehen, wie sich seine Mutter vergeblich mit dem Teppich abmüht. Dann legt er sich lächelnd wieder hin. Das Haus bleibt schmutzig, aber Alexis kann ausschlafen.

Man sagt »stumm«, taubstumm. Ein Vorurteil. Die Gehörlosen sprechen. Sie haben eine Stimme. Sie kontrollieren sie nicht, sie spüren sie nicht, aber sie existiert. Sie ist grauenhaft. Sie kann tief oder hoch, schrill oder kehlig oder beides auf einmal sein. Sie ist heiser, verzerrt, entstellt, sie geht in alle Richtungen, zu Beginn eines Satzes leise wie ein Atemzug, ist sie am Ende schreiend, oder umgekehrt. Eine lächerliche Stimme, die einem beim Anhören die Schamröte ins Gesicht treibt.

Mit meiner Mutter im Supermarkt. In der Fleischabteilung ist sie so auf die Schweinekoteletts fürs Abendessen konzentriert, dass sie nicht merkt, wie ich zu den Fischstäbchen entwische. Und jetzt sucht sie mich. Sie stellt sich mitten in den Hauptgang, stemmt die Hände in die Hüften und brüllt mit der ganzen Macht ihrer gebrochenen Stimme meinen Vornamen. Heraus kommt so etwas wie: »VETOONIIIIIT ...!!!!« Die Menge ringsum weicht erschrocken zurück und erstarrt. Ein Standbild. Meine Mutter hat soeben, Moses gleich, einzig mit ihrer Stimme die Fluten geteilt. Innerhalb einer Sekunde hat sie den Hauptgang leergefegt. Das ist zu viel für mich. Ich drehe mich um, tief gedemütigt. Ich sehe keinen anderen Ausweg, als zu fliehen, nicht ans Ende der Welt, aber fast, ans Ende des Supermarktes.

Die Gehörlosen sind also keineswegs stumm, was manchmal ganz schön bedauerlich ist.

Das Weihnachtsquiz ist ein Klassiker in unserer Familie.

Jedes Jahr wieder widmen Alexis, Ève, Valérie und ich uns diesem grausamen Spiel: die massakrierten Wörter unserer Eltern zu erraten.

Alexis wirft mit der Stimme seiner Mutter ein Wort in die Runde: »SCRUCHON!«

Nicht einfach.

Ève gewinnt jedes Mal. *Scruchon* heißt Sandwich, ist doch klar.

»Attong?«

»Achtung!«

»Sukussuk?«

»Couscous!«

»Ich offge?«

»Ich geb dir eine Ohrfeige!«

»Patef?«

»Das nervt.«

»*Cucula?*«
»Coca-Cola!«
»*Nimög?*«
»Nicht möglich.«
Aber es gibt auch falsche Freunde wie etwa:
»*Befehl?*«
Wieder Ève: »*Befehl*, das bedeutet pervers, ist doch klar!«
2013 ist ein ganz besonderer Jahrgang:
Aifofi und *atopa*.
Iphone 4 und Autobahn.
Herrlich!

Mein Onkel Guy macht ununterbrochen Geräusche. Er brummt und knurrt. Es ist eine Art Röcheln, das aus seinen Bronchien aufsteigt und zwischen seinen Mandeln stecken bleibt. Es ist nicht sehr laut, aber immer da. Sobald er einen Fuß vor den andern setzt, sobald er aufsteht, sich hinsetzt, sobald er irgendetwas tut ... stöhnt er.

Guy ist siebzehn, er nimmt Unterricht bei einem Schüler von Marcel Marceau. Er liebt es. Die Pantomime schärft seine Beobachtungsgabe und bringt sein Imitationstalent zur Entfaltung. Zum Jahresende gibt es eine Aufführung. Mein Großvater eilt herbei, stolz wie Oskar, um seinen Sohn anzuspornen und ihm zu applaudieren.

Der Vorhang öffnet sich. Der Pantomime geht, ganz in Weiß, im Scheinwerferlicht über die Bühne. Absolute Stille. Schönheit der Geste. Er legt seine Hände an eine imaginäre Wand und versucht um sie herumzugehen, vergeblich. Mein Onkel tritt auf. Er nähert sich auf leisen Sohlen, pflückt eine Blume, schenkt sie seinem Partner.

Er spielt wunderbar. Poetisch. Perfekt. Bis auf ein kleines Detail. Er hört sich nicht. Aber das Publikum hört ihn. Leider.

Mein Großvater drückt sich, den Kopf zwischen den Händen, in seinen Sitz. Er wünscht sich weit weg. Auf der Bühne sein Sohn, der mit größter Konzentration seine Rolle spielt … und dabei knurrt. Seine stumme Klage erfüllt das Theater. Das Publikum schwankt zwischen Verlegenheit und Lachkrampf. Und Guy spielt glücklich weiter, vor Wonne stöhnend.

Meine Tante, Guys Frau, klopft ständig mit der Zunge gegen den Gaumen, wenn sie den Mund geschlossen hat, das heißt, fast immer. Ticktack. Sie ist lauter als die Uhr an der Gare du Nord.

Wie soll man Gehörlosen erklären, was für ein Getöse sie veranstalten!

Die Gemütsbewegungen von Gehörlosen kann man hören.

Meine Tante macht also »ticktack«, wenn sie erregt ist, und das ist sie oft.

Mein Onkel stöhnt vor Zufriedenheit, wenn er auf der Straße ein hübsches Mädchen sieht.

Mein Vater bringt ein höchst eigenartiges Geräusch hervor. Unbeschreiblich. Weshalb ihm Alexis den Spitznamen Chewbacca verpasst hat.

Der Vorteil ist, dass wir die Gefühlslagen unserer Eltern mitbekommen.

»Papa, starr nicht die ganze Zeit auf den Hintern dieses Mädchens.«

»Falsch. Ich nichts gesehen.«

Lügner.

Wenn's um Sex geht, frag deine Mutter. In dem Bereich ist sie der Profi unter den Gehörlosen«, sagt Ève oft zu mir.

Unrecht hat sie nicht, meine Cousine.

Immerhin hat mir meine Mutter ein vierbändiges Aufklärungslexikon gekauft. Da war ich sieben. Sie fand, es sei höchste Zeit. Feierlich erklärte sie mir, ich müsse dringend einige Grundkenntnisse erwerben. Sie selbst hatte dazu keine Gelegenheit, als sie jung war. Sie war völlig ahnungslos. Damals musste man es selbst ausprobieren, wenn man wissen wollte, was Sex ist, und sie hat es sehr früh ausprobieren müssen. Sie meinte, es sei ihr lieber, ich würde die Grundlagen aus den Büchern erfahren als von einem Jungen aus meiner Klasse.

Also stelle ich ihr folgende Frage: ob sie glaubt, dass die Libido bei Gehörlosen ausgeprägter ist als bei Hörenden. Oder ob das in unserer Familie »speziell« ist.

Sie versteht nicht.
»Du meinst, Gehörlose lüstern wie pervers?«
»Nein, Mama.«
Wie soll ich ihr das erklären?
Synonymwörterbuch. »Libido: Begierde.«
Okay, das wird nicht einfach.
Ich übersetze also für meine Mutter: »Mehr oder weniger Lust. Lust auf Sex mehr oder weniger stark. Einer mehr Libido, ein anderer weniger Libido.«
Ihr Gesicht hellt sich auf. Jetzt hat sie verstanden.
»Oh, là, là, bei Gehörlosen Lust Sex sehr groß. Ja!«
Dachte ich mir's doch.

Gehörlose fühlen sich wohl in ihrem Körper. Ihr Körper ist ihre Sprache, er drückt all ihre Gelüste aus. Auf eindeutige Weise.

Gehörlose haben zur Sexualität eine instinktive, animalische, vor allem aber natürliche Beziehung.

Es macht ihnen nichts aus, über Sex zu sprechen.

Das ist keine intellektuelle Angelegenheit, ihre Gebärden, ihre Mimik und die Bewegungen, die sie dazu machen, sind extrem anschaulich. Spontan und aus dem Bauch heraus für sie, schockierend für uns.

Die Gebärdensprache ist die direkteste Sprache, die ich kenne. Gehörlose drücken sich einfach und unverblümt aus. Derb.

Viele Zeichen sind schön, poetisch, berührend – wie

die für »Liebe«, »Symbol«, »Tanz« –, aber beim Wortschatz für Sexualität sieht das anders aus. Die Zeichen lassen keinerlei Zweifel zu. Während die Wörter andeuten, zeigen die Gebärden, wo's langgeht.

Diese Direktheit brüskiert uns Hörende, weil die – für Gehörlose harmlosen – Gesten dieselben sind, die wir benutzen, wenn wir uns obszön ausdrücken wollen, was wir meist im Verborgenen tun. Eine Frage der Kultur.

Meine Mutter liebt es, mich in Details ihres Geschlechtslebens einzuweihen. Mit gynäkologischer, quasi chirurgischer Genauigkeit. Für mich, ihre Tochter, ist das schwer zu ertragen.

Sie erzählt mir von ihren erotischen Träumen. Oder dass ihr Geschlecht sich vor Lust so stark zusammenzieht, dass es weh tut … So ist sie, meine Mutter.

Gebärden ohne jede Zweideutigkeit, verruchte Mimik und triefender Mund, ich bin sprachlos, wie gelähmt vor Verblüffung und Verlegenheit.

Wenn ich sie bitte, nicht zu sehr ins Detail zu gehen: »Bitte, Mama, ich immerhin deine Tochter …«, antwortet sie: »Oh, là, là, nicht schlimm. Sex wie Leben!«

Und lacht.

Im Grunde hat sie recht. Sex ist Leben.

Wenn sie über Sex spricht, benutzt meine Mutter oft Wörter, die den Hörenden obszön erscheinen würden.

»Ich geil.«

»Ich Sau.«

Während sie ganz einfach sagen möchte, dass sie Sex mag.

Dieselbe Mutter schleppt mich mit fünfzehn Jahren zum Gynäkologen und drängt mir die Pille auf. »Man weiß nie«, sagt sie.

In dem Alter zählt Sexualität nicht gerade zu meinen Hauptsorgen, aber meine Mutter will nichts davon hören. Es kommt nicht in Frage, dass ich ein Risiko eingehe. Sie weiß, dass ich sie niemals auf dieses Thema ansprechen würde, und will lieber vorsorgen. Unrecht hat sie nicht. Nur wenige Teenager reden mit ihren Müttern über Sexualität, und in meinem Fall gibt es noch ein zusätzliches Argument: Die Gebärdensprache ist so anschaulich, dass ich viele Gesten niemals vor ihr machen würde.

Also gehorche ich ihr.

Drei Jahre lang umsonst die Pille.

Du willst Schwanz?«

Während eines Kongresses in einem Hotel in Poitiers passiert Ève das Malheur, dass sie mit dem Blick flüchtig den Hosenschlitz eines jungen Gehörlosen streift, der ihr gefällt. Ertappt:

»Du willst Schwanz?«

Ève ist so verlegen, dass sie gar keine Zeit hat zu antworten, bevor er mit einem breiten Lächeln fortfährt:

»Du nicht Hemmung. Gut, Sex.«

Worauf er sie schlicht und einfach bei der Hand nimmt und in sein Zimmer führt.

Eine heiße Nacht. Meine Cousine – enthemmt wie sonst nie. Von Kopf bis Fuß taucht sie ein in ein stummes, sinnliches und urtümliches Getümmel. Kein Wort, kein Gespräch, kein Zeichen. Sex, nichts als Sex. Schlicht und einfach. Animalisch und gut.

In jener Nacht ist Ève gehörlos geworden.

Am nächsten Tag trifft sie, noch einigermaßen überwältigt, den jungen Mann im Konferenzsaal des Hotels. Er ist gerade dabei, seinen Kollegen unter Zuhilfenahme von Gebärden und Mimik detailreich von ihrer Nacht zu erzählen. Für ihn ganz natürlich. Seine Art, ihr seine Wertschätzung zu zeigen.

Es war nicht das letzte Mal für Ève mit einem Gehörlosen. Es war jedes Mal großartig.

Ich habe nie mit einem Gehörlosen geschlafen.

Warum? Ich weiß es nicht. Aus Angst vor den Geräuschen vielleicht.

Die Stille. Mir aufgezwungen bei meiner Geburt, habe ich mich notgedrungen mit ihr abgefunden und sie schließlich akzeptiert. Inzwischen ist sie für mein inneres Gleichgewicht unerlässlich, wie eine alte Gewohnheit, ein alter Freund. Sie gehört zur Familie. Sie tröstet mich, beruhigt mich, besänftigt mich.

Wenn es mir draußen zu laut ist, wenn überall gesprochen wird, rufe ich sie. Und sie kommt. Es ist für mich ganz leicht, für alles taub zu werden. Innerhalb weniger Sekunden versinke ich in meiner Welt. Höre nichts mehr. Die Welt ringsum könnte untergehen, ich würde es nicht merken. Und wehe, man wagt es, mich zu stören, dann kann ich aggressiv werden. Was mich in den Wahnsinn treibt, ist Musik in Restaurants, oder, noch schlimmer, Einladungen bei Freunden, wo man sich neben der Unterhaltung der Gäste während des ganzen Essens auch noch die neueste Playlist seines Gastgebers antun muss. Zum Verrücktwerden. Mit der Zeit habe ich gelernt, mich zusammenzunehmen. Ich frage höflich, ob es vielleicht möglich wäre, die Musik auszumachen. Und gelte als Zicke. Aber das bin ich gewohnt. Im besten Fall gehe ich. Im schlimmsten werde ich zu Rain Man, höre niemandem zu, spreche mit niemandem, bin die unsympathischste Frau auf Erden, und obendrein ist es mir egal.

Vor kurzem habe ich einen Hypnotiseur aufgesucht, um mir das Rauchen abzugewöhnen. Ich lege mich hin. Er spricht mit mir, er spricht und spricht, um mich in einen Dämmerzustand zu versetzen. Das Prinzip der Hypnose. Ich lasse innerlich los und höre mich sagen: »Ich sage Ihnen jetzt nicht: ›Klappe halten!‹, weil ich höflich bin, aber könnten Sie nicht wenigstens einen Moment still sein? Nur fünf Minuten … Bitte …«

Stille.

Meine Mutter war bei einem Vortrag über »Jugend und Sexualität«. Ganz aufgeregt kommt sie zu mir. Sie hat mir etwas Wichtiges zu sagen.

»Véronique, Achtung. Sehr, sehr schlimm. Nicht Liebe machen mit leichtfertigen Männern. Gezwungen Präservativ! Ich gegangen Vortrag über Aids. Schlimme Krankheit wegen Sex. Wichtig, du viel Achtung.«

Ich traue meinen Augen nicht. Diese Information haben wir Hörenden seit mindestens zwei Jahren, und meine Mutter hat sie gerade erst vernommen.

Ich wäre am liebsten in Tränen ausgebrochen.

Mein Vater ist verrückt geworden. Er schenkt mir ein Klavier. Ein Ding, mit dem er überhaupt nichts anfangen kann. Das selbstlose Geschenk par excellence … Der Beweis seiner Liebe.

Wenn ich meine Tonleitern übe, kommt meine Mutter stets zu mir und legt die Hand auf das Instrument, um die Vibrationen zu spüren. Jeder weiß, wie unerträglich diese endlosen Tonleitern eines übenden Kindes sind. Sie aber mag das, sie lässt ihre Hand liegen, viele Minuten lang. Sie sagt zu mir: »Ich etwas traurig gehörlos sein, ich Musik nicht kennen, nicht wissen was. Bedauern.« Musik ist das Einzige, was sie bedauert, nicht hören zu können. Die Stimmen der Leute, das Rascheln der Blätter an den Bäumen, Regen an der Fensterscheibe, Geräusche schlechthin existieren nicht für sie. Sie kennt sie nicht. Sie fehlen ihr nicht. Sie sind ihr egal.

Müsste ich zwischen Farbe und Musik wählen, ich würde mich für die Farbe entscheiden. Meine Eltern auch. Blind zu sein wäre unerträglich.

Das sagen sie, und ich glaube ihnen gerne.

Das Licht geht an und flackert wild.
Meine Eltern haben in der Diele eine Glühbirne anbringen lassen, die mit allem verbunden ist, was klingeln kann. Das Dumme ist nur, dass es für Wohnungstür, Gegensprechanlage und Telefon dieselbe Birne ist. Jedes Mal bricht eine allgemeine Panik aus. Mein Vater macht die Tür einen Spaltbreit auf, während er gleichzeitig auf den Schalter der Gegensprechanlage drückt, um die Haustür zu öffnen, während meine Mutter sich aufs Telefon stürzt, abhebt und sich ins Minitel einwählt … Ein eigenartiges Ballett im bläulichen Schein. Die Diele ist zur Diskothek geworden.

Ich finde das komisch. Ich rühre keinen Finger, um ihnen zu helfen.

14–18. Zwischen uns herrscht Krieg. Ich verachte sie. Sie kapieren nichts. Ich habe ihnen nichts zu sagen. Außer wenn ich Geld brauche. Nicht die geringste Vertrautheit zwischen uns. Ich bin Einzelkind, ich langweile mich mit ihnen. Sie interessieren mich nicht. Dieser so besondere Dialog zwischen uns ist abgebrochen.

Ich hätte gerne normale Eltern. Ich sage mir, dass ich in einem früheren Leben ein ziemlicher Kotzbrocken gewesen sein muss, um dermaßen bestraft zu werden. Und ich nehme es mir übel, dass ich es ihnen übelnehme.

Es ist absurd, den Eltern übelzunehmen, dass sie behindert sind. Ich weiß genau, dass es nicht ihre Schuld ist. Aber so ist es nun mal, ich nehme es ihnen übel. Wenn sie nicht gehörlos wären, würden wir tiefschürfende Diskussionen über Gott und die Welt, über Politik, Ethik, Schopenhauer oder Nietzsche, Tolstoi oder Dostojewski, Mozart oder Bach führen …

Ich würde ihnen gerne von meinen kleinen Sorgen

erzählen. Ich wünschte, sie würden mich ermuntern und beraten. Ich möchte meine Mutter anrufen können, einfach so, ganz kurz, um ihr zu sagen, dass es mit dem Job geklappt hat oder mit Soundso Schluss ist, und ich wünschte, sie würde mir zum Trost eine Kartoffelpastete backen.

Ich beneide meine Freundinnen, deren Eltern normal sind und die das Glück haben, in ihrer Familie mit Worten kommunizieren zu können.

Ich will Eltern, die reden, die mit MIR reden, die hören, die MICH hören. Und ich habe das Gefühl, dass es anderswo besser ist. Natürlich täusche ich mich. Keine Familie ist normal. Ich hätte in einer Familie aufwachsen können, die mir Hass auf andere eintrichtert. In einer Alkoholikerfamilie, einer Familie mit Leichen im Keller, einer Familie, in der der Papa mit seiner kleinen Tochter Doktorspiele macht, einer Familie, für die es nur auf Äußerlichkeiten ankommt, in irgendeiner Familie halt!

Erst, als ich von zu Hause ausgezogen bin, konnte ich meinen Eltern mildernde Umstände zugestehen. Sie hatten einen guten Grund, nicht mit mir zu reden. Den besten, den es gibt.

Mit Gehörlosen zu leben ist nicht einfach. Und dabei kann ich mich glücklich schätzen, dass meine Eltern nicht allzu anstrengend sind und nicht ständig meine Hilfe beanspruchen. Sie kommen allein zurecht. Im Gegensatz zu anderen.

Mein Onkel Guy zum Beispiel ist davon überzeugt, dass seine Intelligenz der von Hörenden überlegen ist. Er ist nicht behindert. Ganz im Gegenteil. Er ist etwas Besonderes, weil er taub ist. Und es ist nicht an ihm, sich der Welt anzupassen, sondern umgekehrt. Er geht einem ganz schön auf die Nerven damit. »Taub plus intelligent, taub plus ein guter Beobachter, taub plus, plus, plus …« Der reinste Blödsinn. In Geschäften unternimmt er nicht die leiseste Anstrengung. Der andere soll verstehen, was er will. Wenn er die Kinder nicht zum Dolmetschen dabeihat, kann das Stunden dauern. Nicht er drückt sich unverständlich aus, sondern der andere ist doof. So einfach ist das.

Ich verzeihe ihm seine Überspanntheit, denn er ist ein Träumer. Er lebt in seiner eigenen Welt. Die Gemälde, die er malt, sind so sonderbar, dass sich selbst Dalí darüber wundern würde.

Ein sanfter Träumer. Was manchmal gefährlich ist. Alexis ist drei. Er spielt einen Meter vom Wasser und von seinem Vater entfernt. Guy guckt in den Himmel und hängt seinen Gedanken nach. Alexis schreit und fuchtelt mit den Armen, aber Guy betrachtet eine Wolke, die er sehr schön findet, und sieht nichts. Er sieht nicht, dass Alexis kurz vorm Ertrinken ist.

Die Stunde der Rache ist gekommen. Guy bringt Alexis wie jeden Tag zur Schule. Im Autoradio ziemlich laut Dr. Dre. Beim Gymnasium angekommen, macht Guy den Motor aus, und die Musik verstummt. Alexis dreht den Lautstärkeregler voll auf, bevor er aussteigt. Guy fährt wieder los … Die Musik geht an. Einige Meter weiter hält ihn die Polizei wegen Lärmbelästigung an und fordert ihn auf, das Radio leiser zu stellen. Guy versteht nicht. Er wird zornig und gestikuliert, während er sich auf die Ohren klopft: »Ich taub, ich taub, keine Musik!« Die Polizisten geben klein bei. In solchen Fällen geben sie immer klein bei.

Als sein Vater ihm abends von dem Missgeschick erzählt, lacht sich Alexis ins Fäustchen.

Patrick, ein Freund meines Onkels, fährt mit der Regionalbahn nach Massy-Palaiseau, wo er wohnt. Er hat seine fünfjährige Tochter dabei.

Nachdem er sich anhand der Anzeigetafel vergewissert hat, dass der Zug an seiner Station hält, steigt er ein. Der Lautsprecher verkündet, dass der Zug infolge einer Störung nicht am Bahnhof von Massy halten wird.

Patrick hört natürlich nichts.

Als er merkt, dass der Zug in der Nähe seiner Station nicht abbremst, zieht er kurz entschlossen die Notbremse. Der Zug kommt zum Stehen. Große Aufregung. Die Fahrgäste sind empört. Patrick zeigt seelenruhig mit dem Finger auf den Bahnsteig: »Ich taub, ich aussteigen hier.«

Seine kleine Tochter schämt sich zu Tode. Hat sie die Ansage nicht gehört, konnte sie nicht übersetzen?

Der Fahrer erscheint. Was ist in dem Wagen los? Was ist das Problem?

Patrick beharrt seelenruhig: »Ich taub, ich aussteigen hier.«

Der Fahrer kapituliert. Und Patrick steigt ungerührt aus.

Ich mag es nicht, mit meinen Eltern fernzusehen. Sie bitten mich ständig, die Nachrichten zu übersetzen. Ich gehorche. Bis ich irgendwann die Nase voll habe. Ich tue so, als würde ich nicht verstehen, was der Sprecher sagt.

Vollends unerträglich wird es, wenn ein Film läuft.

Alle fünf Minuten heißt es: »Er sagt was?«, »Und sie, sie sagt was?«

Ich habe keinerlei Geduld mit ihnen. Keinerlei Mitleid. In kürzester Zeit schwirrt mir der Kopf. Ich täusche Hausaufgaben vor und verschwinde in meinem Zimmer. Schaut doch selber, wie ihr zurechtkommt!

Alexis hat eine andere Methode. Es macht ihm Spaß, seinen Eltern, die ihm andächtig zuhören, irgendeinen Stuss zu erzählen:

»In der Bretagne ist eine Atombombe explodiert.«

»Ein neues Gesetz: Ab heute müssen Gehörlose einen Apparat tragen, um wie alle anderen hören zu können.«

Und Guy springt auf und steigt ins Auto, um die Revolution zu verkünden.

»Ein handgeschriebenes Dokument von Napoleon ist entdeckt worden, er vermacht Korsika den Gehörlosen.« Guy beschließt umgehend, den nächsten Familienurlaub auf der Insel zu verbringen.

Meiner Mutter leihe ich mein Auto nicht mehr. Weil sie beim Schalten nichts hört, macht sie mir ständig die Kupplung kaputt.

Sie ist diejenige in der Familie, die Auto fährt. Was meinen Vater, der keinen Führerschein hat, nicht daran hindert, sich ständig einzumischen und ihr zu erklären, was zu tun ist.

Rückblende. Sie fährt an der Ampel nicht schnell genug los. Er klopft ihr wütend auf den Arm. Sie würgt den Motor ab. Und da geht ein Donnerwetter los, er hebt die Hände zum Himmel, schlägt sich auf die Knie, schnaubt. »Nimög, Nimög.« Meine Mutter kann nicht mehr, sie lässt das Lenkrad los, dreht sich zu ihm und befiehlt ihm mit beiden Händen, in einer raschen, ruckartigen Abwärtsbewegung, so als würde sie eine Mauer zwischen ihnen errichten, er solle aufhören, und weist ihn bei der Gelegenheit gleich noch darauf hin, dass er ja auch endlich seinen Führerschein machen kann, wenn ihm ihre Fahrweise nicht passt.

Die Einzige, die auf die Straße sieht, während sie einander zerfleischen, bin ich. Sechs Jahre alt.

»Hör auf! Willst du, dass ich einen Unfall baue?«

Ich fahre, und meine Mutter, die danebensitzt, spricht mit mir. Wir sind auf der Autobahn. Sie klopft mir auf die Schulter. Muss mir unbedingt etwas sagen. Ich habe die Wahl, ob ich auf die Straße oder zu ihr hinübersehen will. Ich entscheide mich für die Straße. Da fuchtelt sie mit ihren Händen zwischen meinen Augen und der Windschutzscheibe herum. Entrüstet schlage ich die Hände weg, lasse das Lenkrad los und packe ein anderes, imaginäres, das ich mit geballten Fäusten hin und her bewege, um ihr zu erklären, dass ich gerade Auto fahre. Nur für den Fall.

»Entschuldigung. Ich verstehe.«

Dreißig Sekunden später geht es von vorne los.

Also lerne ich notgedrungen, mit einer Hand zu sprechen und mit der anderen zu lenken. Inzwischen habe ich Routine darin, mit dem einen Auge Auto zu fahren und mit dem anderen meiner Mutter »zuzuhören«.

Mit dem Telefon ist es dasselbe. Meine Eltern und ich können stundenlang nicht miteinander reden, ohne dass es jemanden stört. Aber sobald ich telefoniere, verspürt meine Mutter auf einmal das dringende Bedürfnis, mit mir zu kommunizieren. Plötzlich muss sie mir etwas sagen. Jedes Mal.

Ich nehme einen Anruf entgegen, und schon fängt sie an, mir von ihren letzten Sommerferien zu erzählen. Ich schaue sie fassungslos an.

»Ähm, Mama, du siehst, ich telefoniere hier.«

»Ja, ja …«

Dreißig Sekunden Funkstille.

»Also, du was machen morgen?«

»Ich telefoniere.«

»Ja, ja, aber du denkst was …?«

Ein Moment großer Einsamkeit.

Da sich das Ganze stumm abspielt, hat die Person am anderen Ende keine Ahnung, dass gleichzeitig ein Streit im Gange ist. Bis zu dem Augenblick, da ich ausraste und anfange, in beiden Sprachen zu schreien:

»Hör auf, halt die Klappe. Ich telefoniere. Verstehst du das nicht? Scheiße!«

Nein, meine Mutter versteht das nicht. Sie sieht mich mit einem unendlich traurigen Blick an und sagt: »Du immer telefonierst. Ich dich beobachte. Du sprichst mit Freunden. Dich Gehörlose nicht interessieren …«

Mein Zorn schwindet dahin. Ich fühle mich schuldig.

Mein Gesprächspartner fragt, ob alles in Ordnung sei. »Ja, alles in Ordnung. Das war meine Mutter. Sie ist gehörlos. Sie spricht mit mir, während ich mit dir telefoniere. Ich kann nicht mehr. Warte, ich gehe in einen anderen Raum.«

Und die Böse bin wieder mal ich.

Vor kurzem habe ich meine Mutter gefragt, warum sie das tut. Warum sie ausgerechnet immer dann mit mir spricht, wenn ich telefoniere.

Verblüfft erwidert sie:

»Du kannst nicht machen zwei gleichzeitig?«

Hallo, ihr Arschlöcher!«

So begrüße ich meine Eltern, als ich von der Schule nach Hause komme.

Ich bin nicht allein. Ich habe meine Klassenkameraden dabei. Sie glauben mir nicht, wenn ich ihnen sage, dass meine Eltern taub sind. Also werde ich ihnen beweisen, dass es stimmt.

»Hallo, ihr Arschlöcher!« … Und meine Mutter kommt auf mich zu und begrüßt mich mit einem zärtlichen Kuss.

Mein Vater ist misstrauisch mir gegenüber. Keine Ahnung, warum.

Ich hänge stundenlang mit meinen Freundinnen am Telefon. Das schnurlose existiert noch nicht, ich sitze im Wohnzimmer, fünfzig Zentimeter von meinem Erzeuger entfernt … Er beobachtet mich aus den Augenwinkeln. Die ganze Zeit. Er denkt, ich würde über ihn sprechen, mich über ihn lustig machen. Also versucht er, von meinen Lippen zu lesen, und macht mir Zeichen: »Du sagst was? Du sprichst von mir?«

Es ist einfach zu verlockend. Um ihm recht zu geben, erzähle ich meinen Freundinnen die größten Horrorgeschichten über ihn. Das amüsiert mich. Das erregt mich. Ich habe das Gefühl, die väterliche Autorität zu untergraben. Und da es niemanden gibt, der meinen verbalen Exzessen Einhalt gebieten könnte, koste ich es gründlich aus, schließlich bringe ich meine Freundinnen damit zum Lachen. Sie rufen mich gerne an. Ich kann alles sagen, kann meinen Vater als Vollidioten bezeichnen. Sie würden mit ihren Vätern auch gerne so umspringen können.

Meine Mutter besitzt das seltene Talent, jedes Mal, wenn ich einen Freund mit nach Hause bringe, den Moment der Vorstellung zu verderben. Sie kann es einfach nicht lassen, mir hinter seinem Rücken ihre Eindrücke über ihn mitzuteilen. Völlig ungeniert. Sie stellt mir Fragen. Sie sagt mir, was sie von ihm hält. Ganz direkt.

Ich führe zwei Gespräche gleichzeitig. Das mit meinem Freund und das mit meiner Mutter, die hinter ihm steht:

»Er hübsch«, »Er hässlich«, »Er nett«, »Er nicht seriös«, »Er Sex gut?« …

Es ist nicht böse gemeint. Sie möchte mir einfach nur nahe sein.

Bis zu dem Tag, an dem ich ihr sage, sie soll verschwinden.

Inzwischen lässt sie es bleiben.

Manchmal nutzen wir es auch schamlos aus.

Es ist zwei Uhr nachts, und wir hüpfen auf dem Bett herum. Mein Onkel hat den sechsten Sinn. Er spürt, wenn es im Zimmer zu hoch hergeht. Dann steht er auf, um nachzusehen. Er nähert sich ganz leise, um uns auf frischer Tat zu ertappen. Aber Guy ist eben Guy ... das berühmte Stöhnen. Wir hören aus hundert Metern Entfernung, wenn er im Anmarsch ist, und bis er die Räuberhöhle betritt, haben wir Zeit, unter die Decke zu schlüpfen und uns schlafend zu stellen.

Eines Nachts hören wir ihn nicht kommen, da wir die Musik voll aufgedreht haben. Er erwischt uns. Ève und ich tanzen gerade durchs Zimmer. Valérie, Èves Schwester, trägt der Katze Nagellack auf. Das ganz normale Leben eben. Guys Zorn. Die Bestrafung. Zwei Tage lang kein Fernseher und keine Bonbons. Wegen der Bonbons lassen wir uns etwas einfallen, hauptsächlich aus Spaß.

Die Süßigkeiten sind in der Küche. Dahin gelangt man nur durchs Wohnzimmer, wo »Luchsauge«, mein Onkel, auf der Lauer liegt. Wir müssen uns aufteilen. Während ich das Telefon zum Klingeln bringe, nutzt Valérie das flackernde Licht und das allgemeine Durcheinander, das es jedes Mal auslöst, um sich in die Küche zu stehlen, die Bonbontüten zu schnappen und sie Ève zuzuwerfen, die sie in ihrem Zimmer versteckt. Geschafft. »Luchsauge« ist sauer. Es war nichts, weder die Eingangstür noch das Minitel. Engelsgleich fühlen wir mit ihm. Er hat sie so satt, diese ungezogenen Bengel mit ihren Klingelstreichen.

Wir ersparen ihnen nichts. Oder fast nichts. Aber es ist so leicht, sie reinzulegen, dass wir es nicht übertreiben. Es gibt Grenzen. Grenzen, die wir uns selbst gesetzt haben. Ich würde sogar sagen, dass wir um die ganz großen Dummheiten (Alkohol, Drogen, kurz, all die Dinge, die Eltern von Teenagern so große Angst einjagen) einen Bogen machen.

Unsere Eltern sind fest davon überzeugt, dass unsere Welten grundsätzlich verschieden sind, und da sie nicht wissen, wie sie damit umgehen sollen, lassen sie uns machen, was wir wollen. Die große Freiheit. Was ich die »positiven Nebeneffekte« nenne.

Ève hat es sich zur Gewohnheit gemacht, abends, sobald ihre Eltern schlafen gegangen sind, ihre Freunde zu empfangen. Sie schärft ihnen ein, bloß nicht an der Tür zu klingeln, weil sonst die Glühbirne in der Diele angeht.

Sie müssen klopfen. Und dann, husch, husch, in ihr Zimmer. Kichern, reden, schmusen, Musik hören bis tief in die Nacht. Danach leise wieder verschwinden, bevor die Eltern aufwachen.

Eines Abends ist Ève zu sehr damit beschäftigt, sich zu amüsieren, und hat vergessen, dass Guy jede Nacht aufsteht, um aufs Klo zu gehen. Schlechtes Timing. Aufeinanderprallen der Generationen. Splitternackt steht Guy auf einmal den Freunden seiner Tochter gegenüber.

Zorn auf der einen, Verlegenheit und Lachkrampf auf der anderen Seite, Verunsicherung bei meiner Cousine. Es wird nicht mehr vorkommen: Am nächsten Tag kauft mein Onkel einen Hund, einen süßen kleinen Pudel namens Mimi.

Mimi schläft jede Nacht auf dem Bauch meiner Tante Lydie. Wenn Ève oder ihre Geschwister aufstehen, wenn es im Haus zu laut wird, knurrt Mimi und steht ebenfalls auf. Das weckt meine Tante.

Mit den Dummheiten ist Schluss … Na ja, vorläufig.

So leicht lässt sich Ève nicht unterkriegen. Mitternacht. Sie hat sich auf den Balkon geschlichen, um zu rauchen. Da steht Guy ebenfalls auf. Es ist der erste Samstag im Monat, auf Canal+ kommt ein toller Film. Die Balkontür ist offen, und es ist kühl. Er schließt sie. Ève ist ausgesperrt. Sie kann hinter der Scheibe gestikulieren und schreien, so viel sie will, er sieht sie nicht. Er setzt sich seelenruhig aufs Sofa und schaut sich seinen Film an. Und

Ève dann auch. Eineinhalb Stunden lang. Ende des Films. Als er wieder ins Bett gehen will, was sieht er da? Seine Tochter, die auf dem Balkon herumtanzt und große Gebärden macht. Der Boden ist mit Kippen übersät. Er ist wütend. Aber sie hat ihn in der Hand wegen seines Films, also wird er nichts sagen wegen der Zigaretten. Der Kuhhandel ist perfekt.

Manchmal gibt es auch komische Missverständnisse.

Alexis, sechs, hat einen Alptraum. Noch ganz verschlafen und in der Überzeugung, allein in der Wohnung zu sein, geht er auf den Balkon und schreit um Hilfe, so laut er kann. Er hat Angst, weil niemand zu Hause ist. Zwölf Feuerwehrleute, von den wach gewordenen Nachbarn gerufen, stürmen gewaltsam ins Haus, öffnen sämtliche Türen und platzen ins elterliche Schlafzimmer, wo mein Onkel und meine Tante im Adamskostüm vor sich hin schnarchen.

Sind unsere Eltern wirklich taub? Eigenartigerweise stellen wir uns diese Frage oft.

Es gibt nur eine Möglichkeit, es herauszufinden. Testen. Tante Lydie ist das ideale Versuchskaninchen für unsere Experimente.

Valérie hat gerade einen Kopfhörer zu Weihnachten bekommen. Lydie ist eingeschlafen, mit der Brille auf der Nase. Auf Zehenspitzen nähern wir uns, stülpen ihr den Kopfhörer über die Ohren, ganz vorsichtig, um sie nicht zu wecken. Und da wir keine halben Sachen machen, sprühen wir auch noch ihre Brillengläser mit Rasierschaum ein. Alexis schließt den Kopfhörer an die Stereoanlage an. Heavy Metal, voll aufgedreht. Wir warten. Keine Reaktion. Unglaublich!

Das Experiment ist beweiskräftig. Es wird Zeit, die Tante zu wecken.

Ein leichtes Klopfen auf ihre Schulter, und Lydie schreckt hoch. Sie sieht nichts mehr. Es ist alles weiß.

Operation gelungen!

Einige Sekunden lang glaubt sie, nicht nur taub, sondern auch blind zu sein.

Es lebe die Technik.
Das BTX-System Minitel stellte in den achtziger Jahren des letzten Jahrhunderts für Gehörlose eine wahre Revolution dar. Ähnlich wie heute SMS, wie Untertitel im Fernsehen, wie Internet, Skype und die sozialen Netzwerke.

Für die Gehörlosen war es an der Zeit. Sie können sich jetzt besser mit den Hörenden verständigen. Sie können kommunizieren. Sind etwas weniger abhängig von den anderen. Autonomer.

Das ist praktisch, ändert allerdings nichts an den Kommunikationsproblemen, die zwischen mir und meinen Eltern bestehen.

So sehr ich an die Sprache meiner Mutter gewöhnt bin, ihre SMS verstehe ich nicht immer.

»Ja Kaffee nicht kommen können Grund beschäftigt letzte Minute Überraschung Gast.« Absolut klare Ansage.

»Ich weiß nicht Françoise anruft einige mein Skype schon. Darum.« Darum was? Ich geb's auf.

Gleichzeitig fehlt mir jegliche Toleranz, wenn andere nicht verstehen, was meine Mutter mir schreibt.

Mein Handy vibriert.

»Du kommst ins Café Gehörlose und ich bin überrascht gehörlos die Nachricht dann du kommst schneller Küsschen.«

Meine Freundin Anne ist bei mir. Ich zeige ihr die SMS, warum, weiß ich nicht.

»Ach herrje, ich verstehe rein gar nichts …«

»Geh dir ein Hirn kaufen, dann wirst du's verstehen.«

Anne ist sprachlos. Ich stauche sie zusammen, dabei habe ich die Nachricht meiner Mutter genauso wenig begriffen.

Wenn ich meinen Eltern einen Freund vorstelle und er sich panisch zu mir umdreht mit den Worten: »Véro, was hat dein Vater gesagt?«, bringt mich das auf die Palme.

»Er hat einfach nur guten Tag gesagt.«

»Nein, aber … weil, ich verstehe nichts.«

»Er hat dir die Hand gegeben und mit seinem Mund GUTEN TAG gesagt. Man muss keine Elitehochschule besucht haben, um das zu verstehen!«

Im Gegensatz dazu ist jemand, der sich auch nur ansatzweise bemüht, die Begrüßung meiner Mutter zu verstehen, ohne in Schockstarre zu verfallen, meiner ewigen Dankbarkeit gewiss und wird auf die Top-Five-Liste jener Leute gesetzt, denen ich fortan unerschütterliche Freundschaft entgegenbringe.

Du kommen, ich krank. Wenn nicht möglich, ruf an meine Tochter Ève. 06 23 …«

Als der Arzt zum ersten Mal ein solches Fax bekommt, ist er perplex. Am liebsten würde er es in den Müll werfen, aber aus professionellem Verantwortungsbewusstsein heraus ruft er schließlich doch bei der angegebenen Nummer an.

»Guten Tag, Madame, ich habe ein Fax erhalten. Auf dem mir befohlen wird zu kommen. Das ist keine sehr höfliche Art. Ich bitte um Aufklärung.«

Ève erläutert ihm geduldig, dass ihre Mutter gehörlos ist und das Faxgerät als Kommunikationsmittel benutzt. Sie ist offenbar krank und bittet schriftlich um einen Hausbesuch. Auf ihre Art.

Eigentlich ganz einfach, oder?

Auf Regen folgt Sonnenschein.«
Das ergibt in der Gebärdensprache:

»Schönes Wetter. Vorher regnet fertig, jetzt schönes Wetter.«

Was meine Mutter versteht: Es regnet, und nachher wird es schön.

»Ja, Mama, aber was bedeutet das?«

»Ich weiß nicht. Nichts. Regnet und nachher schön. Wetter ändert.«

Unschlagbar!

»Der Mensch kann mit dem Mund lügen, so viel er will – mit dem Gesicht, das er macht, sagt er stets die Wahrheit.« (Nietzsche)

Das ergibt in der Gebärdensprache:

»Sprechen kann lügen aber Gesicht nein, anders.«

Was meine Mutter versteht, wenn sie dieses Zitat liest: Dasselbe wie wir, falls sie es dreimal liest.

»Die Bäckerei war geschlossen. Wir haben Zwieback gegessen.«

Sie erkennt den Zusammenhang zwischen Ursache und Wirkung bei den beiden Situationen nicht. Ich erkläre es ihr: Die Bäckerei war geschlossen. Also gab es kein Brot. Und da es kein Brot gab, habe ich stattdessen Zwieback gegessen.

Antwort: »Ja, aber du nicht gesagt. Jetzt verstanden.«

In der Sprache meiner Eltern gibt es keine Metaphern, keine Artikel, keine Konjugationen, nur wenige Adverbien, keine Sprichwörter, keine Leitsätze oder Redewendungen. Keine Wortspiele. Nichts zwischen den Zeilen. Keine Zwischentöne. Sie hören ja gar nichts, wie sollten sie da Zwischentöne wahrnehmen …

Es ist ein Vorurteil. Die meisten Gehörlosen haben gar kein besonderes Talent, von den Lippen zu lesen. Aber da sie notgedrungen große Übung darin haben, beherrschen sie es besser als wir.

Was allerdings manchmal haarscharf danebengeht.

Ferien in Tunesien. Ich bin mit meinen Eltern im Restaurant. Ein Mann geht zwischen den Tischen hindurch und bietet Ausflüge auf dem Kamelrücken an.

Er kommt an unseren Tisch und wendet sich mit dem Ausruf »Kamel? Kamel?« an meinen Vater:

»Chameau? Chameau?«

Mein Vater schaut mich erstaunt an.

»Hier Moslems. Warum Schinken?« Denn die Lippenbewegungen für das Wort Schinken, *jambon,* sind fast identisch mit denen für das Wort Kamel.

Nein, Papa, nicht Schinken, sondern Kamel.

Jambon, chameau, chapeau sehen auf den Lippen gleich aus.

Genauso wie *Tomate* und *Dummheit*.

Oder *Mathe* und *Pein*.

Was für ein Kuddelmuddel.

1977. Ein Verein wird ins Leben gerufen, mit zwei Amerikanern an der Spitze. Wie ist es möglich, dass die Gehörlosen in Frankreich kurz vor Anbruch der achtziger Jahre noch immer von allem ausgeschlossen sind? Es muss dringend eine Schule für Gebärdensprache eröffnet werden. Eine Theatertruppe für Gehörlose muss gegründet, die Gebärdensprache anerkannt werden. Meine Eltern stürzen sich in dieses Projekt. Sie geben ihre Jobs als Arbeiter und Datenverarbeiterin auf und werden »Lehrer« ihrer eigenen Sprache. Als die Linken an die Regierung kommen, überlässt der Kulturminister den Gehörlosen für einen symbolischen Franc Büros in einem der Türme des Château de Vincennes.

Auch mein Onkel Guy ist mit von der Partie. Er kehrt gerade von einer Reise in die Vereinigten Staaten zurück, wo er eine Universität für Gehörlose besucht hat, das Gallaudet College. Dort haben Gehörlose dieselben Möglichkeiten wie alle anderen Menschen. Sie können Literatur,

Sprachen, Psychologie, Kommunikation, Journalismus oder bildende Kunst studieren. In Frankreich nichts. Absolute Fehlanzeige! Das muss sich ändern. Er wird es in die Hand nehmen.

Ich kann es kaum fassen. Die Gehörlosen erleben ihr Coming-out.

Sie organisieren Demos, setzen durch, dass in den Fernsehnachrichten ein Gebärdendolmetscher eingeblendet wird. Immer häufiger gibt es Untertitel. Die Blicke in der Metro ändern sich, und sogar die Bäckerin gibt sich Mühe. Sie versteht endlich, dass man kein Steak von ihr verlangt, sondern Brot.

Ich verfolge den Feldzug der Gehörlosen von ferne, mit einem leicht verächtlichen Zug um die Mundwinkel, aber mein Vater beeindruckt mich, ich spüre genau, dass da etwas vor sich geht. Meiner ganzen Arroganz, Aggressivität und Brutalität zum Trotz freue ich mich für meine Eltern. Sehr.

Ich weiß noch nicht, dass eine Minirevolution im Gange ist. Ich ahne noch nicht, dass sie, indem sie ihr Leben ändern, auch meins ändern.

Mein Vater nimmt seine Aufgabe sehr ernst.
Gehörlose müssen Zugang bekommen zur Kultur, zum Studium, vor allem aber muss die Regierung die Existenz ihrer Sprache, der Gebärdensprache, und einer eigenständigen Kultur, der Gehörlosenkultur, anerkennen.

An Arbeit fehlt es nicht. Die große Mehrheit der Gehörlosen kann weder lesen noch schreiben.

Eine riesige Baustelle tut sich auf, denn die Sprache muss gleichzeitig weiterentwickelt werden, da es nicht für jedes Wort unseres Wortschatzes ein Äquivalent in der Gebärdensprache gibt. Man muss erfinderisch sein. Es müssen neue Gebärden kreiert werden. Die erste dieser erfundenen Gebärden wird das Zeichen für »Kommunikation« sein. Die zweite das für »Kultur«. Ein Wörterbuch soll erscheinen. Darin werden die Wörter des Grundwortschatzes sowie die neuen Begriffe aufgenommen. Das IVT (International Visual Theatre), so der Name des Vereins, wird zur französischen Gehörlosenakademie, der Académie française des sourds. Versammlungen ohne Ende, denn dass es die Zeichen nicht gibt, liegt ganz einfach daran, dass die Gehörlosen das Wort dafür nicht kennen. So etwa »Psychologie«, was bedeutet das? Mit Unterstützung eines Linguisten und eines Dolmetschers lernt mein Vater neue Begriffe. Wenn er den Sinn genau verstanden hat, schlägt er eine Gebärde vor, die dann nach zahlreichen Sitzungen zum offiziellen Zeichen erklärt wird und ins zukünftige Gebärdenlexikon Eingang findet. Oder auch nicht.

Die Gebärdensprachkurse sind gut besucht. Eltern, die ein wenig Unterstützung brauchen und verzweifelt versuchen, mit ihren tauben Kindern zu kommunizieren. Schauspieler, die zu steif, zu gehemmt sind und lernen möchten, entspannter mit ihrem Körper umzugehen. Mein Vater ist da, um es ihnen beizubringen. Er kümmert sich um die Anfänger, ein Vollzeitjob. Alle mögen ihn. Alle sagen mir, wie toll er ist, wie außergewöhnlich, wie menschlich, verständnisvoll, offen, neugierig, freundlich. Der beste Lehrer, den sie je hatten. Ich bin skeptisch. Ich möchte ihnen ja gerne glauben, aber wie? Habe ich seine Qualitäten so sehr unterschätzt? Habe ich so sehr an meinen Eltern vorbeigelebt? Hat mich die Ablehnung ihrer Behinderung unempfänglich für alles andere gemacht?

Es herrscht ein solches Brodeln, dass man beinahe sagen könnte, die Gehörlosen seien in Mode gekommen. Wie auch immer, jedenfalls sieht man sie. Und das wurde auch höchste Zeit!

Meine Eltern gehen mir auf die Nerven, sie ärgern mich und bringen mich zur Verzweiflung trotzdem begleite ich sie überallhin. Ich hänge allabendlich im Château de Vincennes herum, *the place to be,* und mache mir ihren Kampf nach und nach zu eigen. Ich bin stolz, dass sie an dieser Revolution mitwirken.

Ich beginne mich mit ihnen zu identifizieren. Ich bewundere sie. Ich bekenne mich zu ihnen. Ich spiele sogar gemeinsam mit ihnen Theater.

Das neue Theaterstück des IVT wird sich sowohl an Gehörlose als auch an Hörende richten. Also braucht es einen Dolmetscher. Der werde ich sein. Ich bin knapp zwanzig.

Es dürfte nicht allzu schwierig werden, denn man gibt mir eine Rolle, die ich gut kenne, da ich sie jeden Tag spiele: die Worte von Gehörlosen übersetzen.

Nur leider … schaffe ich es nicht. Ich bringe keinen Ton heraus. Ich kann mir zureden, wie ich will, nichts passiert. Nur ein Flüstern. Ich habe keine Stimme mehr. Das Lampenfieber.

Zwei Wochen vor der Premiere werde ich durch eine Hörgeschädigte ersetzt, deren verzerrte, abgehackte, schrecklich anzuhörende Stimme weit passender ist als meine.

Man gibt mir eine Rolle, in der ich nicht sprechen muss. Eine stumme Rolle. Alle sind sich einig, dass ich gut spiele. Es ist die größte Erniedrigung meines Lebens.

Mein Vater spielt in einem Dokumentarfilm von Nicolas Philibert mit: *Im Land der Stille*. Er ist einer der Hauptdarsteller. Der Film kommt ins Kino. Ein großer Erfolg. Bekannte von mir rufen an. Der Film sei großartig. Es stimmt, das ist er. Aber alle stoßen sich daran, dass mein Vater über mich sagt, ein gehörloses Kind wäre ihm lieber gewesen. Doch ich kann meinen Vater verstehen. Zumal ich die ganze Zeit dasselbe sage. Wenn ich taub wäre, hätte er viel einfacher mit mir kommunizieren können, er hätte mir während meiner Schulzeit und bei meinen beruflichen Zweifeln beistehen können. Er hätte etwas an mich weitergeben können. Sich in mich hineinversetzen. Mich unterstützen. Er hätte sagen können: »Das habe ich auch durchgemacht, ich kenne das.« Er hätte Dinge mit mir teilen können. Aber so ist das unmöglich. Er konnte mir nicht bei den Hausaufgaben helfen, er konnte mir nicht bei meinen Beziehungen zu anderen Menschen raten, er konnte mir keine Orientierungshilfe geben. In der sechsten Klasse wusste ich, was den Schulstoff anging, bereits zehnmal mehr als er. Ich brauchte ihn nicht.

Als ich mit fünfzehn allein per Anhalter in den Urlaub fahren wollte, ließ er mich gehen, da er dachte, das sei normal. »Sie hörend. Hörende nicht gleich. Welt so. Wir Gehörlose, andere Welt.«

Besorgt, aber resigniert.

Er war hilflos. Das sah ich in seinen Augen. Die Verzweiflung. Die Ohnmacht.

Also, ja, ich verstehe, dass er lieber ein Kind gehabt hätte, das ist wie er.

Trotz seiner strengen, abweisenden Haltung ist mein Vater ein sehr feinfühliger Mensch. Wenn in einem Film am Ende der Hund stirbt, vergießt er Tränen. Aber er hat Mühe, seine Gefühle zu zeigen. Darum habe ich lange gedacht, er würde mich nicht lieben. Und da wir nur wenig miteinander sprachen, dachte er, ich würde ihn auch nicht lieben. Ein klassisches Missverständnis.

Aber mein Vater liebt mich. Und ich ihn. Jedes Mal, wenn er mich sieht, erzählt er mir von seiner Mutter – seiner großen Liebe – und sagt, wie ähnlich ich ihr doch sei, ich hätte genau dieselben Haare wie sie. Wenn wir durch Lothringen fahren, sagt er: »Ich liebe dich.« Das habe ich seiner Mutter zu verdanken, ich weiß.

Die Gebärdensprache ist die ausdrucksstärkste Sprache, die ich kenne.

Wenn ein Gehörloser spricht, ist sein ganzer Körper im Einsatz. Auch das Gesicht. Man kann unmöglich in der Gebärdensprache sprechen, ohne einen einzigen Gesichtsmuskel zu bewegen. Egal, ob man hübsch ist oder nicht. Falls Sie sich gerade haben liften lassen, ist das nichts für Sie. Gefühle, und die Stärke von Gefühlen, vermitteln sich einzig durch die Mimik. Will man ein Gefühl der Trauer zum Ausdruck bringen, ziehen sich die Mundwinkel nach unten, und die Augen verengen sich. Im Gegensatz dazu erhellt sich das Gesicht bei einem freudigen Gefühl, der Mund lächelt, die Augen funkeln. Ich habe festgestellt, dass Hörende damit große Schwierigkeiten haben: eine Grimasse zu ziehen, die Gesichtszüge zu entstellen, den Körper einzusetzen. Wenn Sie über jemanden sprechen, der sehr, sehr hässlich ist, dann benutzen Sie das Zeichen für »hässlich«, aber Sie können nicht einfach das Zeichen für »sehr« zehnmal hintereinander machen, um das Ausmaß des Schreckens anzuzeigen. Mit der Abscheulichkeit Ihrer Grimasse machen Sie den Grad der Hässlichkeit der Person deutlich. Während Sie das tun, werden Sie selbst hässlich. Und die meisten Menschen entstellen ihr Gesicht nun mal nicht gern. Mit der Schönheit ist es genauso. Das Gesicht muss einen schönen Ausdruck annehmen. Wenn Sie Quasimodo ähnlich sehen, werden Sie sich natürlich nicht in Marlon Brando verwandeln können, aber jedes Gesicht kann strahlen.

In der Gebärdensprache gibt es keine Konjugation. Und es gibt keine Zeiten. Es gibt ein Vorher, ein Nachher, ein Während, aber kein Perfekt, kein Futur, kein Präsens.

»Ich habe zugenommen. Ich sollte Sport treiben« heißt: »Ich dick, gezwungen Sport.«

»Ich werde in die Ferien fahren« heißt: »Bald ich fahren Ferien.«

Der Begriff der Zeit wird mit dem Körper angedeutet. Für die Zukunft kippt er unmerklich nach vorn. Für die Vergangenheit nach hinten. Was die Gehörlosen sehr schön »Zeitlinie« nennen.

Das ist die Spezialität meines Vaters. Das Einmaleins der nonverbalen Kommunikation. Bevor du die Zeichen kennenlernst, bewege deinen Körper. Fühl dich wohl darin, zähme ihn. Hab keine Angst, dich lächerlich zu machen. Zieh eine Grimasse. Schiele, wenn es sein muss. Drück dich ohne deine Stimme, aber mit Freude aus.

Die Gebärdensprache ist kein Esperanto.
Die Gebärdensprache ist nicht international, und dennoch …

Es gibt in den verschiedenen Ländern, in den verschiedenen Sprachen zahlreiche gemeinsame Grundzeichen.

Wenn das Zeichen zu stark abweicht, kann die Mimik einspringen.

Die Ausdrücke von Gesicht und Körper sind auf der ganzen Welt gleich.

Auch die »Zeitlinie« ist international.

Erzählt ein Gehörloser eine Geschichte, so haben sämtliche Figuren einen genau festgelegten Platz im Raum, wie in einer Theaterinszenierung. Ausgesprochen visuell und universell.

Man setze meinen Vater oder meinen Onkel irgendwo in Japan aus, und ich wette, in weniger als zehn Minuten können sie sich, auch ohne ein einziges japanisches Wort zu kennen, verständigen.

Ich selbst habe im Ausland keinerlei Hemmungen, zur Not einen aufs Trottoir pissenden Hund darzustellen, damit der Einheimische versteht, dass ich von einem Hund und nicht von einer Kuh spreche.

Vor kurzem habe ich einen sehr kitschigen indischen Kurzfilm mit einer jungen gehörlosen Frau gesehen. Sie drückte sich in der Gebärdensprache aus. Und trotz der Unterschiede habe ich fast alles verstanden.

Aus der Zeit meines Italienaufenthalts habe ich neapolitanische Freunde, die ich meinen Eltern vorstellte. Es war unglaublich. Meine Freunde haben sich ohne jede Scheu mit ihnen unterhalten, mittels großer, weit ausholender Gesten, die nicht das Geringste mit der Gebärdensprache zu tun hatten. Meine Eltern haben alles verstanden! Was haben wir gelacht!

Etwas fachlicher ausgedrückt, sind in der französischen und amerikanischen Gebärdensprache nahezu die Hälfte der Zeichen gleich. Und ein großer Teil der Gebärdensprache anderer Länder ist aus diesen beiden Sprachen hervorgegangen.

Es ist eine gelebte Sprache, die sich jeden Tag erneuert. Über ausländische Vereine oder die olympischen Spiele der Gehörlosen (die Deaflympics) verbreitet sie sich um die ganze Welt. Die Ähnlichkeiten werden immer größer.

Tatsächlich kann ein Australier mit einem Afrikaner sprechen, der wiederum mit einem Dänen sprechen kann, der mit einem Australier gesprochen hat. Es wird ein Kauderwelsch dabei herauskommen, aber sie werden sich sehr rasch verständigen können. Nicht wie wir.

Als Onkel Guy in Rente ging, hat er sich in eine One-Man-Show gestürzt! Er ist der französische Loriot der Gehörlosen und der glücklichen Ehemänner – die ja ihm zufolge alle ein bisschen taub sein müssen. Allein auf der Bühne, erzählt er mit Hilfe von Gebärden und Mimik auf die ihm eigene Art Geschichten. Mit einem Riesenerfolg. Weltweit. Er hat einen internationalen Fanclub. Gehörlose lachen gerne. Hörende übrigens auch.

Ich bin einundzwanzig. Vor etwas über zwei Jahren bin ich bei meinen Eltern ausgezogen. Ich sehe sie nur noch selten seit unserem Theaterabenteuer, aber sie begleiten mich weiterhin. Mehr als mir bewusst ist. Ich finde meine ersten Jobs dank meiner Kenntnis der Gebärdensprache. Nach allem, was ich mitgemacht habe, ist es auch langsam an der Zeit, dass es mir was bringt.

Mein Onkel, Ève und ich werden von der Cité des sciences et de l'industrie angestellt, einem riesigen Wissenschaftsmuseum.

Guy als wissenschaftlicher Animateur für Gehörlose, Ève und ich als auf Gebärdensprache spezialisierte Empfangsdamen.

Im Laufe der Jahre ändern sich die Fragen ein wenig. Im Moment lautet die häufigste: »Sprichst du Gebärdensprache?«, gefolgt von: »Wie sagt man in der Gebärdensprache guten Tag?«

Ève und ich amüsieren uns köstlich:

»Du beugst den rechten Arm, als würdest du eine Schlinge tragen, die Handfläche nach oben, dann machst du dasselbe mit dem linken, aber diesmal mit der Handfläche nach unten. Die beiden Arme stützen sich also gegenseitig ab. Mit deinem rechten Zeigefinger kratzt du deinen linken Ellbogen, und dein linker Zeigefinger kratzt in der rechten Ellbogenbeuge. So sagt man guten Tag.«

Wir haben viel Spaß, bis zu dem Abend, als mein Onkel im Empfangsbüro aufkreuzt. Halb genervt, halb belustigt bittet er uns, mit diesem Blödsinn aufzuhören. Denn seit einigen Tagen begrüßen ihn sämtliche Museumsaufseherinnen mit dem Zeichen für »Lesbierin«.

»Nicht seriös. Hier wissenschaftlich doch.«

Ich sehe meine Eltern nur selten, doch im Grunde vermisse ich sie. Also habe ich ein Mittel gefunden, wie ich ihnen weiterhin nah bleiben kann. Ich übersetze französische Chansons in die Gebärdensprache. Das ist genau das Richtige für mich. Ich muss nicht sprechen, und niemand kann sagen, ich würde schlecht spielen. Dafür kann ich mittels Gesten, mit Hilfe meines Gesichts und meines Körpers, eine ganze Palette von Gefühlen zum Ausdruck bringen. Es wird ein voller Erfolg. Meine Eltern sind gerührt und stolz, dass sich ihre schreckliche Tochter endlich zu ihnen bekennt. Den Hörenden gefällt es. Es stimmt, es ist schön und ergreifend. Und so mache ich auf Partys weiter, bei Geburtstagen, Hochzeiten. Jedes Mal mit demselben Erfolg. Bis Malgosia Debowska, Regisseurin und Schülerin meines Vaters, mich sieht und beschließt, einen Kurzfilm mit mir zu drehen. Der Film heißt *Maldonne.* Ich muss ein Chanson gebärden, *Message personnel* von Françoise Hardy, und ein einziges Wort sprechen: »*Attends*«, warte. Wie für mich gemacht mit meiner großen Angst, meine Stimme einzusetzen. Ich murmle es. Das Flüstern entspricht mir.

1993. *Jenseits der Stille*. Emmanuelle Laborit. Molière-Preisträgerin.

Ein Triumph.

Die Welt der Gehörlosen in Frankreich hat sich geändert. Und ändert sich weiter.

Ich bin sehr froh darüber.

Es geht nicht schnell genug, es bleibt noch viel zu tun, aber es ist besser als früher.

Dank Emmanuelle Laborit.

Dank meines Onkels Guy.

Dank der Gehörlosengemeinde.

Und vielleicht auch ein wenig dank meiner Eltern.

Ich schalte den Fernseher ein. TF1. Die Spielshow *Le Bigdil* (die französische Version von *Geh aufs Ganze!*), mit dem Komiker Lagaf'. Ich will schnell weiterzappen, da sehe ich im Publikum … meine Mutter, daneben meine Tante! Was machen die denn da? Ach du Schande! Und das ist erst der Anfang … Lagaf' kündigt feierlich einen ganz besonderen Kandidaten an – er ist gehörlos –, Monsieur Guy B., in Begleitung seiner Tochter Ève, die während der Sendung dolmetschen wird.

Ich bin fassungslos. Trommelwirbel. Auftritt von Guy, der mit den Händen über dem Kopf herumfuchtelt, »Wie das Fähnchen auf dem Turme« (so applaudieren Gehörlose). Großaufnahme des Publikums. Meine Mutter macht ebenfalls über dem Kopf »Wie das Fähnchen …« und lächelt stolz. Großaufnahme von Guy. Er stellt sich vor. Ève, völlig entspannt, übersetzt. Lagaf' prustet alle dreißig Sekunden los. Ich sitze konsterniert vorm Fernseher. Das Prinzip der Sendung: Geschenke gewinnen, indem man

Prüfungen besteht. Guy bekommt das Spiel »Stille Post«. Das geht so: Er muss der ersten von einer ganzen Reihe junger Frauen, den sogenannten »Gaffettes«, ein Zeichen vormachen, das diese nacheinander nachahmen müssen, ohne die Mimik der anderen gesehen zu haben. Ève am Ende der Kette muss das Zeichen ihres Vaters herausfinden, das natürlich unterwegs verlorengegangen ist. Wenn die letzte der Frauen es für Ève darstellt, hat es keinerlei Bedeutung mehr. Aber Ève findet es jedes Mal heraus.

Sie sitzt mit dem Gesicht zum Publikum und somit auch mit dem Gesicht zu meiner Mutter. Die ihr sämtliche Antworten mittels Gebärden einflüstert.

Wirklich äußerst praktisch, diese Gebärdensprache. Sie ist lautlos, noch von weitem zu verstehen, und vor allem verhilft sie meiner Familie zum Gewinn eines schönen Joghurtbereiters.

Mein Onkel Guy unterzieht sich einer Szintigraphie. Meine Cousine Valérie, die im siebten Monat schwanger ist, begleitet ihn ins Krankenhaus. Guy wird radioaktives Jod gespritzt, und Valérie darf sich nicht in der Nähe ihres Vaters aufhalten, weil sonst die Gefahr besteht, dass sie ihr Baby verliert. Nicht weiter schlimm. Sie setzt sich in eine Ecke der Cafeteria, Guy in eine andere, und dann plaudern sie gemütlich miteinander.

Ich habe ein loses Mundwerk. Das behaupten jedenfalls alle.

Wenn Sie wüssten, wie schweigsam ich sein kann!

Die eigentlich Stumme in der Familie bin ich.

Was Gefühle angeht, bin ich stumm wie ein Fisch. Meine Kinder sind die einzigen Menschen auf der Welt, denen ich sagen kann: »Ich liebe dich.«

»Wir haben es ja auch nie gehört«, meint Ève immer.

Nie gehört, somit unaussprechbar.

Hingegen bereitet es mir keinerlei Probleme, über Sex zu reden, ich kenne da keine Tabus und keine Scham. Danke, Mama!

Über Gefühle zu sprechen, zu sagen, was ich empfinde, ist einiges komplizierter.

Ich kann mich verschließen wie eine Auster.

Mich in eine Welt zurückziehen, die nur mir allein gehört.

Eine Welt der Stille.

Für die anderen ist das mühsam.
Für mich ein Alptraum.

Seit er ein Mobiltelefon hat, schreibt mein Vater es mir. Und ich antworte ihm per SMS, dass ich ihn auch liebe. Aber wenn ich mit ihm zusammen bin, ist es mir unmöglich, ihm in die Augen zu sehen und es ihm zu sagen. Mein Mund bleibt verschlossen, die Hände in den Taschen.

Ich bin schwanger.
Ich habe Angst.

Neun Monate lang bin ich voller Sorge.

Wenn meine Tochter nun gehörlos ist?

Was dann?

Und wie erkläre ich es Nicolas, ihrem Vater?

Ich kann ihm das nicht antun.

Ich konsultiere meinen Arzt, der mich beruhigt:

»Ihr Vater ist doch taub *geworden*, oder?«

»Ja, aber … meine Mutter und ihr Bruder sind von Geburt an taub.«

»Kam das in der Familie schon früher vor?«

»Nein, es gibt niemanden sonst.«

Der Tag X.

Die Wehen setzen ein.

Sie ist da. Auf einmal ist es mir völlig egal, ob sie gehörlos ist. Sie ist meine Tochter. Ich liebe sie. Sie ist mein Kind. Sie ist, wie sie ist.

Ich klatsche aber doch in die Hände. Einfach so, nur ums zu wissen. Sie zuckt zusammen.

Sie hört.

Bei meinem Sohn drei Jahre später bin ich viel weniger gestresst. Wenn seine Schwester hört, warum sollte er nicht auch hören.

Eine leichte Besorgnis bleibt allerdings.

Man legt ihn mir auf den Bauch. Wie ich ihn liebe, meinen kleinen Jungen.

Ich spreche mit ihm, er reagiert. Ich klatsche in die Hände, er zuckt zusammen.

Auch er hört.

Der Fluch ist beendet.

Und wenn ich noch einmal von vorne anfangen könnte?

Ich habe sie geliebt.
Ich habe sie gehasst.
Ich habe sie zurückgestoßen.
Ich habe sie bewundert.
Ich habe mich geschämt.
Ich wollte sie beschützen.
Ich habe mich gelangweilt.
Ich hatte Schuldgefühle.
Der Traum von Eltern, die sprechen, hat lange existiert.
Heute existiert er nicht mehr.

Heute bin ich stolz.
Ich bekenne mich zu ihnen.
Vor allem aber liebe ich sie.
Und ich will, dass sie es wissen.

Ein großes Dankeschön an Guy Bedos, Leslie Bedos, Ève, Alexis, Valérie, Guy und Josette Bouchauveau, Annick Chollat, Léa und Victor Contré, Muriel Couteau, Véronique de Bure, Marie Eugène, Michèle Latraverse, Noémie Lenoir, Jacqueline Massola, Jean-Claude Poulain, Sophie Ratonnat und Jean-Marc Roberts.

Interview

Warum haben Sie dieses Buch geschrieben?

Ich wollte schon immer schreiben, und welches Thema hätte sich besser zum Anfangen geeignet als mein eigenes Leben?

Und warum haben Sie es heute geschrieben?

Weil ich etwas faul bin. Das Buch hätte eigentlich schon viel früher erscheinen sollen, aber es hat neben der Arbeit, den Kindern und dem Alltag etwas Zeit gebraucht, es auszudenken und zu schreiben.

An wen wendet sich Ihr Buch? An Gehörlose, an Hörende? An beide?

Das Buch ist für Hörende geschrieben worden, als Antwort auf die Fragen, die sie mir seit meiner Kindheit stellen und die immer dieselben sind. Damit sie etwas besser Bescheid wissen über die Welt der Gehörlosen.

Welche Reaktionen erhielten Sie auf Ihr Buch?

Ich bin auf meinen Lesungen in Paris vielen Gehörlosen begegnet. Die meisten mögen das Buch. Es gab auch kritische Stimmen aus der Gehörlosengemeinde. Sie gründen aber in der Mehrzahl auf Missverständnissen. Ich habe nur von meinem eigenen Leben mit meinen Eltern erzählt, und wenn ich die Gebärdensprache beschreibe, dann so, wie ich sie mit meinen Eltern zwischen 1968 und 1980 gesprochen habe. Vor dem Beginn der Gehörlosenbewegung also.

Die Rückmeldungen von hörenden Kindern gehörloser Eltern waren ausnahmslos positiv. Sie sagten mir, dass sie sich im Buch wiedererkannt haben. Es täte Ihnen gut, zu sehen, dass sie nicht die Einzigen sind, die so gefühlt haben, als sie jünger waren. Sie erkennen sich ganz und gar wieder in dem Buch.

Sie sprechen im Buch von zeitweiliger Scham, aber auch von viel Liebe für Ihre Eltern. Wie erleben Sie Ihre Lage als hörendes Kind gehörloser Eltern heute?

Ich bin stolz, gehörlose Eltern zu haben, und ich denke, dass ich dadurch einen Vorteil habe. Hätte ich die Wahl, würde ich dieselben Eltern wählen.

Könnten Sie uns ein Beispiel für etwas geben, dass Sie in Ihrer Kindheit besonders gestört hat?

Wie ich im Buch erkläre, hat es mich wirklich gestört, wenn die Hörenden meine Eltern betrachteten, als wären sie im Zoo. Und auch der Lärm war lästig.

Und im Gegensatz dazu einen Moment schildern, in dem Sie besonders stolz auf Ihre Eltern waren?

Als ich ganz klein war, war ich stolz, dass meine Eltern anders sind, denn so war ich selbst ebenfalls etwas Besonderes ... Ausgesprochen stolz jedoch war ich, als meine Eltern begannen, sich für Gehörlose in Frankreich zu engagieren und mein Onkel die Gehörlosenakademie gründete. Sie haben mich verblüfft, und ich bewundere sie noch immer sehr dafür.

Wann wurde Ihnen als Kind wirklich bewusst, dass Sie anders sind als Ihre Eltern?

Es gab keinen bestimmten Moment. Meines Erachtens wissen es Kinder sofort. Schon als Babys, auch wenn sie es nicht ausdrücken können. Aber man weiß es. Es ist einfach so. Und man passt sich an.

Ihre Kindheit reicht in die 60er/70er-Jahre zurück. Glauben Sie, dass sich die Situation hörender Kinder gehörloser Eltern in der Zwischenzeit weiterentwickelt hat?

Ganz ehrlich, ich weiß es nicht. Ich höre, dass viele gehörlose Eltern ihre Kinder schon im frühesten Alter als Dolmetscher einsetzen, und ich höre auch, dass das zu Problemen führt. Es ist schade, dass die Dolmetscher so teuer sind. Ich selbst allerdings hatte dieses »Problem« nicht: Meine Eltern kamen immer alleine zurecht.

Wie sind im Augenblick Ihre Verbindungen zur Gehörlosengemeinde?

Es gibt nur wenige Verbindungen, ich sehe vor allem die Gehörlosen meiner Familie. Doch seit Erscheinen des Buches ist der Kontakt etwas intensiver geworden, denn obwohl mein Buch Kritik ausgelöst hat, wird es von der Gehörlosengemeinde geschätzt.

Im Dezember ist der Film »Verstehen Sie die Béliers?« herausgekommen, der ebenfalls vom Leben eines hörenden Kindes gehörloser Eltern erzählt. Haben Sie den Film gesehen, und wenn ja, haben Sie sich in dieser Geschichte zum Teil wiedererkannt?

Ich habe den Film noch immer nicht gesehen. Alle sind sich einig, dass er sehr berührend ist. Im Übrigen hat sich der Drehbuchautor von meiner Situation inspirieren lassen, und einige Anekdoten des Buches kommen im Film vor.

Die Originalausgabe erschien erstmals im August 2014
unter dem Titel *Les mots qu'on ne me dit pas*
bei Editions Stock, Paris.

FSC
www.fsc.org
MIX
Papier aus verantwortungsvollen Quellen
FSC® C014496

Ullstein extra ist ein Verlag der Ullstein Buchverlage GmbH
www.ullstein-extra.de

2. Auflage 2015

ISBN 978-3-86493-034-8

Gesetzt aus der Albertina
Satz: Pinkuin Satz und Datentechnik, Berlin
Druck und Bindearbeiten: GGP Media GmbH, Pößneck
Printed in Germany